臺灣歷史與文化 研究輯刊

二一編

第 6 冊

海上之星
——屏東縣琉球鄉地方傳說及信仰（下）

黃永財 著

花木蘭文化事業有限公司

國家圖書館出版品預行編目資料

海上之星──屏東縣琉球鄉地方傳說及信仰（下）／黃永財
著 -- 初版 -- 新北市：花木蘭文化事業有限公司，2022〔民
111〕
目 16+176 面；19×26 公分
（臺灣歷史與文化研究輯刊二一編；第 6 冊）
ISBN 978-986-518-756-9（精裝）
1.CST：民間故事 2.CST：民間信仰 3.CST：屏東縣琉球鄉
733.08   110022092

ISBN-978-986-518-756-9

9 789865 187569

臺灣歷史與文化研究輯刊
二一編　第六冊　　　　　　　ISBN：978-986-518-756-9

海上之星
──屏東縣琉球鄉地方傳說及信仰（下）

作　　者　黃永財
總 編 輯　杜潔祥
副總編輯　楊嘉樂
編輯主任　許郁翎
編　　輯　張雅淋、潘玟靜、劉子瑄　美術編輯　陳逸婷
出　　版　花木蘭文化事業有限公司
發 行 人　高小娟
聯絡地址　235　新北市中和區中安街七二號十三樓
　　　　　電話：02-2923-1455／傳真：02-2923-1452
網　　址　http://www.huamulan.tw 信箱 service@huamulans.com
印　　刷　普羅文化出版廣告事業
初　　版　2022 年 3 月
定　　價　二一編 7 冊（精裝）台幣 20,000 元

海上之星
——屏東縣琉球鄉地方傳說及信仰（下）

黃永財　著

表目次

第六章　琉球鄉四角頭福德正神廟及其相關傳說——兼論四角頭附屬陰廟

　　臺灣的福德正神俗稱土地公，早期是以農民生活有關係為主。臺灣人們對福德正神的信仰，除了農業之神，也受商家、漁民、一般信徒等崇拜。因此，在臺灣地區街庄林野到處都有土地公廟。由於人們對於福德正神信仰強度有增無減，從早期是間小祠，發展至今成為大廟的主祀神，如屏東縣車城福安宮。所以福德正神不再是，只擔任一般寺廟的配祀神而已。

　　福德正神的信仰，在臺灣無論是一座寺廟的主祀神，或者是配祀神，還是一般家中奉祀的神，信仰之廣泛，可謂遍及臺灣島內外。而位於離島的小琉球，宗教信仰上，四角頭福德正神廟的位階，僅次於島上公廟的碧雲寺及三隆宮。這種信仰圈，算是全臺唯一，能夠將四角頭福德正神廟比其他庄廟在信仰上更高一階，極為獨特。

　　小琉球四角頭各有福德正神廟，也就是「角頭廟」。四角頭福德正神廟，有白沙尾福泉宮、大寮大福福安宮、天臺天南福安宮、杉板路上杉福安宮，是島上各角頭住民所共祀的公廟。島上四角頭福德正神廟建廟，據文獻記載是在清代時期，而福泉宮福德正神是島上最古早的土地公。

　　早期王姓小琉球人，移居臺東縣綠島，攜帶福德正神木雕神像，於清道光 27 年（1847）在綠島建竹廟。〔註1〕可見，福德正神的信仰，在清代時期

〔註1〕江燦騰主編、增田福太郎原著、黃有興中譯：《臺灣宗教信仰》（臺北市：東大圖書股份有限公司，2005 年 5 月，初版），頁 279。

早被小琉球人們所崇拜及依賴。

　　小琉球四面環海，早期住民常有撿拾骨骸情形，之後建小祠立祀。年代較久或香火興盛的陰廟，就有機會提升為角頭陰廟。因此四角頭就有四座角頭陰廟，有白沙尾騰風宮稱大眾廟，大寮萬聖府、天臺萬善堂、杉板路萬年宮。這四座陰廟，按小琉球宗教信仰，搭配在四角頭福德正神廟之下，以監督四角頭的其他陰廟，同時，一角頭一座福德正神廟與陰廟的搭配，建立成同一個管理單位。

　　本章範圍，第一節白沙尾福泉宮及騰風宮；第二節大寮大福福安宮及萬聖府；第三節天臺天南福安宮及萬善堂；第四節杉板路上杉福安宮及萬年宮。

　　四角頭福德正神原由，除了白沙尾福泉宮的福德正神源於碧雲寺。其他三角頭福德正神原由須進一步瞭解，因此，第五節的主旨就是要探討三角頭福德正神與屏東縣恆春鎮高山巖福德宮的分靈關係。

　　又，「臺灣省屏東縣琉球鄉宗教調查表」對三角頭福安宮的福德正神的由來，係來自恆春鎮「權山」福德廟，這「權山」的「權」應是誤用。因此，在文內有的地方，則以「權山」（高山巖）或高山巖（權山）書寫。

第一節　白沙尾福泉宮及騰風宮

　　琉球鄉白沙尾境內，福泉宮奉祀的福德正神係本鄉最古早土地公，而鄰旁騰風宮大眾爺是本鄉無祀鬼魂的首長。由於兩座寺廟是同一個管理單位，所以同於本節研究。

　　本節將以福泉宮沿革做介紹，並探討琉球鄉最早的福德正神廟及福泉宮、騰風宮廟務經營管理。至於騰風宮，介紹其沿革之外，探討「騰風宮」與「騰鳳宮」及「大眾爺」廟與「大將」廟的名稱。

　　相關於神明傳說方面，有騰風宮老主公金身傳說。每年碧雲寺觀音佛祖聖誕演大戲的結束，及三年一科迎王平安祭典遶境活動，騰風宮大眾爺所扮演的職能為何。還有福泉宮、騰風宮總幹事許真念的夢境，皆為本節的研究範圍。

一、福泉宮概況

　　福泉宮，位於琉球鄉中福村三民路 282 號，登記證為屏寺（92）字第 449 號，主祀福德正神，祭典日為農曆 2 月 2 日。【圖 6-1】

圖 6-1：小琉球白沙尾福泉宮

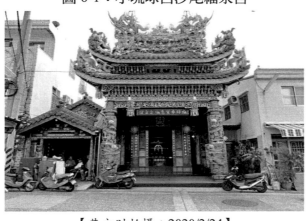

【黃永財拍攝：2020/2/24】

（一）福泉宮沿革

白沙尾境內，有本福村、中福村、漁福村等三個村，福泉宮福德正神廟為境內的角頭廟，是該角頭居民所共祀，奉祀的福德正神係本鄉最古早神明（土地公）。其沿革，據〈福泉宮碑誌〉記載：

> 本宮奉祀之「福德正神」乃本嶼開基之祖神，曾於清季乾隆四十二年配祀觀音佛祖供奉於碧雲寺草廟。以神靈丕顯，禱求立應，極受嶼民敬崇。嘉慶二年本嶼歲凶久旱，穀米不作，居民料難度日，白沙尾善信，首先倡議迎請碧雲寺觀音佛祖，福德正神做主，設壇求雨，全民齋戒沐浴，祈求上蒼垂憫，普賜甘霖拯民危厄，果蒙皇夫垂護，甘雨普施，熾氛立消，民登大有。〔註2〕

碧雲寺清乾隆元年（1736）間建立草廟，名為觀音亭。福泉宮福德正神，曾於清乾隆 42 年（1777），為碧雲寺觀音佛祖的配祀神，此時尚是草廟時期。清嘉慶 2 年（1797），白沙尾居民設壇齋戒，請福德正神做主，祈求上蒼降雨。盛傳「土地公」降乩凌空擲筆為三丈餘高大士爺開光之神蹟，果如願得雨。〔註3〕據〈福泉宮碑誌〉記載，福德正神感於白沙尾信眾之誠敬，遷居並立廟於白沙尾。

由於碧雲寺福德正神遷往白沙尾福泉宮，對於其他三角頭居民要參拜福

〔註2〕資料來源：筆者田野調查，地點：屏東縣琉球鄉福泉宮，日期：2020 年 2 月 24 日。

〔註3〕資料來源：〈福泉宮碑誌〉。筆者田野調查，地點：屏東縣琉球鄉福泉宮，日期：2020 年 2 月 24 日。

德正神,甚是不方便,因此碧雲寺增雕福德正神,鄉民免於長途翻山越嶺之苦。

相關於福泉宮福德正神,為碧雲寺觀音佛祖配祀神的年代,另有文獻不同記載,據「臺灣省屏東縣琉球鄉宗教調查表」民國48年(1959),福泉宮,記載:

> 本福泉宮係奉祀福德正神,其由來於大清乾隆元年與碧雲寺觀音佛祖、註生娘娘供奉在觀音草廟裡,為嶼開基之祖佛,同受眾民崇拜。〔註4〕

福泉宮福德正神,清乾隆元年(1736)與碧雲寺觀音佛祖、註生娘娘供奉在觀音草廟裡。換句話說,三尊神明的神像是同一時期所雕。據「臺灣省屏東縣琉球鄉宗教調查表」民國48年(1959),碧雲寺,記載:

> 南海普陀山觀音佛祖指示,要在此處建立廟寺……立即傳佈眾民,於是詢謀集議,遂於乾隆元年間建立草廟,名為觀音亭,雕刻觀音佛祖、福德正神、註生娘娘,為本島開基之祖佛,神像永為敬拜。〔註5〕

從「臺灣省屏東縣琉球鄉宗教調查表」中得知,觀音佛祖、福德正神、註生娘娘,三尊神像是清乾隆元年(1736)所雕,也是琉球鄉的開基之祖佛。

福泉宮的建廟,由中福村居民捐金,蔡歲標〔註6〕奉獻族中公地,於清嘉慶2年(1797)建廟。「福泉宮」的廟名由來,據說早期該廟旁有咾咕石砌的圍牆,廟後的牆上有兩株大榕樹,樹根底下常有泉水湧出,故稱之。〔註7〕

福泉宮的改建,據〈福泉宮碑誌〉記載:首建於清嘉慶2年(1797),歷156年,民國42年(1953)改建。又歷50年,眾議建新廟貌,遂於民國90年(2001)農曆1月1日開工重建,歷時2年,於民國92年(2003)農曆1月31日興建落成。

〔註4〕「臺灣省屏東縣琉球鄉宗教調查表」民國48年(1959):臺灣省文獻委員會,目錄號碼3,福泉宮。

〔註5〕「臺灣省屏東縣琉球鄉宗教調查表」民國48年(1959):臺灣省文獻委員會,目錄號碼6,碧雲寺。

〔註6〕蔡文趙(字歲標),琉球鄉瓦厝內蔡家先祖,福建省泉州府晉江縣呂厝鄉人士,於清乾隆19年(1754)年3月9日遷居小琉球,依地興建三合院,首建石造瓦厝30坪,為當地首棟紅瓦厝,所以鄉人稱瓦厝內。

〔註7〕受訪者:許真念(男,福泉宮、騰風宮總幹事),訪談者:黃永財,地點:屏東縣琉球鄉福泉宮,日期:2020年2月24日。

不過，據《臺灣總督府公文類纂宗教史料彙編》記載：「小琉球白沙尾，
土地廟清同治 13 年（1874）建。」〔註8〕有可能清嘉慶 2 年（1797）首建，
歷經 77 年後，在清同治 13 年（1874）重建。又歷經 79 年，於民國 42 年
（1953）改建。現在廟貌是民國 92 年（2003）落成的。前殿楹聯：「福伯有
庇，斯民幸賴青黎杖；泉公開基，此島仰霑白鬚眉。」中門楹聯：「福公不老，
天地星辰同等壽；泉潤長濡，士農工賈共繁昌。」

（二）琉球鄉最古早土地公

福泉宮的福德正神，有人提到是小琉球島上最早立廟奉祀的神明，比碧
雲寺的觀音佛祖〔註9〕及三隆宮三府千歲〔註10〕還要早。這個問題，福泉宮
總幹事許真念說，鄉民王春明曾經問及，小琉球島上最早奉祀的神明是觀音
佛祖，還是福德正神。許真念表示，至今實難考證，只能依確切文獻記載從
之。

但是，李宗信的《小琉球的社會與經濟變遷（1622～1945）》記載，白沙
尾福泉宮福德正神，建立年代是清康熙 34 年（1695）。〔註11〕然而，福泉宮
是清嘉慶 2 年（1797）由蔡歲標奉獻族中公地建廟。蔡文趙（字歲標）福建
省泉州府晉江縣呂厝鄉人士，生於清康熙 61 年（1722），卒於清嘉慶 5 年
（1800），清乾隆年間，渡海來臺。〔註12〕蔡歲標生於清康熙 61 年（1722），
據此，福泉宮的福德正神廟，不可能於清康熙 34 年（1695）建立。

相關於福泉宮建立年代，蔡文財（碧雲寺、三隆宮總幹事）提供一份，
他的祖父蔡萬陵所保存「臺灣省屏東縣寺廟登記表」民國 53 年（1964）6 月，
其內容為：

　　寺廟名稱：福泉宮。主祀神：福德正神（數量三，木偶，價值八〇
　　〇元）。所在地：琉球鄉中福村一鄰二號。建立年代：嘉慶二年建立。

〔註8〕溫國良編譯：《臺灣總督府公文類纂宗教史料彙編》（明治 28 年 10 月至明治
　　35 年 4 月）在明治 31 年（1898）11 月 16 日，陳報民政長官後藤新平的〈前
　　鳳山縣轄內社寺、廟宇、教務所等數量及布教狀況等調查書〉（南投市：臺灣
　　省文獻委員會，1999 年 6 月），頁 432。
〔註9〕碧雲寺，清乾隆元年（1736）間建立草廟。
〔註10〕三隆宮，清乾隆初年，建開基草廟。
〔註11〕李宗信：《小琉球的社會與經濟變遷（1622～1945）》（臺南市：國立臺南師範
　　學院臺灣文化研究所碩士論文，2004 年 1 月），頁 44，表 2–9「小琉球於清
　　代建立之寺廟」。
〔註12〕蔡瑞吉：《瓦厝內蔡氏族譜》（屏東縣：瓦厝內蔡氏族譜，2014 年 6 月），頁 12。

宗教派別：道教。募建。管理人：蔡萬陵。財產總額：壹萬元。基
地：二〇坪。房屋：正殿一棟。〔註13〕

據「臺灣省屏東縣寺廟登記表」的記載，福泉宮是清嘉慶2年（1797）建立。
又，福泉宮福德正神曾於清乾隆42年（1777），曾為碧雲寺觀音彿祖的配祀
神，之後，被迎請到白沙尾奉祀才建廟。〔註14〕所以福泉宮福德正神，清康
熙年代在白沙尾建廟，值得商榷。

　　福泉宮開基福德正神（原碧雲寺福德正神）金身現況如何，據許真念說：
在換神像衣袍時，發覺金身完好，底座沒有空心狀況，神像臉部長期受香火
薰黑，只要用橘子皮的汁液滴上，以面紙輕拍，即可清除污漬。〔註15〕開基
福德正神金身如果以清乾隆元年（1736）或42年（1777）雕塑，到現今民
國109年（2020），約有284年（或243年）之久，能整座金身不朽腐，實
屬不易。

　　福泉宮開基福德正神金身至今能完整保存下來，有賴於蔡萬陵能及時救
回。其因，日治時期要燒毀神像，蔡萬陵將開基福德正神神像請回家，將神
像混藏入吊籃內，與其他雜物共懸在屋樑底下，躲避日本人查察，後來才回
宮安奉，逃過被燒毀一劫。〔註16〕

　　早期島上大轎（神轎），只有碧雲寺觀音媽、三隆宮王爺公，及福泉宮福
德正神等三頂神轎。福泉宮福德正神的神轎，民國21年（1932）造的，目前
只有福泉宮這頂大輦（神轎）還在，距今已有88年之久。為參加戊戌正科
（2018）迎王平安祭典，花了近40萬元整理這頂檜木神轎，經整理後風華依
舊。雖然有新雕造大輦，但是轎班較喜歡扛舊轎，其因較輕。所以福泉宮擁
有小琉球最古早的土地公神像及神轎（大轎）。

　　福泉宮福德正神，在琉球鄉三年一科迎王平安祭典，扮演重要角色。請

〔註13〕「臺灣省屏東縣寺廟登記表」民國53年（1964）6月，屏寺廟登字第249號。
〔註14〕據琉球鄉民陳枝法說：白沙尾的土地公，並不是祖先帶過來的，原本是觀
　　　　音媽廟的那一個土地公，以前我們這一角頭的祖先比較霸道，將土地公請
　　　　過來卻沒有請回去。摘錄自國立高雄師範大學（提案單位）：《琉球嶼尋根
　　　　之路──移墾探究成果報告》（屏東縣：屏東縣琉球鄉公所〔招標單位〕，
　　　　2008年8月），頁185。
〔註15〕受訪者：許真念（男，福泉宮、騰風宮總幹事），訪談者：黃永財，地點：屏
　　　　東縣琉球鄉福泉宮，日期：2020年2月24日。
〔註16〕受訪者：蔡文財（男，碧雲寺、三隆宮總幹事），訪談者：黃永財，地點：屏
　　　　東縣琉球鄉碧雲寺，日期：2020年3月26日。

王地點是在白沙尾，送王也在白沙尾，所以請王時由白沙尾福泉宮福德正神帶頭，遶境最後一天也是在白沙尾。有一科，送王結束，當福泉宮福德正神神轎返回時，一直轉，這時候，將福德正神移請到四駕（四人扛神轎）上，照樣轉。後來才知道，原來有一「手本」〔註17〕，在送王時忘記放到王船燒化，未隨大千歲帶走，所以福泉宮福德正神認為還有工作未完成，神轎一直轉，就是要找這一「手本」。手本找到後，立即送到三隆宮燒化。許真念說，福泉宮福德正神是琉球鄉土地公的頭，所以要帶頭，也要會收尾。〔註18〕

（三）廟務經營管理

白沙尾福泉宮與鄰旁騰風宮是同一個管理委員會。早期福泉宮很風光，而騰風宮較為冷清，主因是奉祀大眾爺，除了屬於陰廟性質，據傳說會捉弄人，所以當地人們害怕較少接近該廟。民間信仰傳說，孤魂野鬼為了討香火，享受血食、祭祀，常會捉弄人，又騰風宮的大眾爺是小琉球島上孤魂野鬼的頭，所以為底下的兄弟向陽間人們討個香火，可是會捉弄人，讓人們害怕而遠離。

由於少有人會到騰風宮走動，據說，昔日廟裡現金只有幾百元，幾位執事人員向農會貸款，便在廟埕空地，搭建幾間木板房，再租給攤販，收租金以維持廟務。當小琉球開始發展，騰風宮又位於港口出入要道上，有固定房屋租金，財務日漸好轉，又將「題丁」〔註19〕收入與租金供人借貸收取利息。

原收入不錯的福泉宮，反而日漸下滑，因兩廟相鄰，管理人員重疊，所以在蔡水木擔任騰風宮管理人之後，眾人提議將兩廟合併為一個管理單位，成立「福泉宮、騰風宮管理委員會」。兩廟同一個管理委員會，其財務是合併的，也由於兩廟各據特色，福泉宮是島上最古早的福德正神廟，而騰風宮位於精華地段，遊客幾乎必經之處，加上人們不再畏懼所謂的陰廟，香火錢等收入不錯。因此，福泉宮在幾年前購買與廟體相接的廟地，據許真念說，花了近140萬元是值得，買下後是萬年久遠的事。【圖6-2】

〔註17〕看馬、杠枷、隨香、掃街道則可逐科在王爺前請求赦免或允升任為駕前差役，並須逐科稟交「手本」，詳細書寫姓名、住址、年齡、許願情況，在送王時一起化送。

〔註18〕受訪者：許真念（男，福泉宮、騰風宮總幹事），訪談者：黃永財，地點：屏東縣琉球鄉許真念家裡，日期：2020年3月12日。

〔註19〕每戶按丁口數，收取香火錢。

圖 6-2：小琉球福泉宮增購的土地（左側紅屋頂）

【黃永財拍攝：2020/2/24】

　　福泉宮、騰風宮，財務維持穩定，兩廟慶典時，十多年來都聘請知名歌劇團明華園演出。演出費用一棚 6 萬元，但 109 年（2020）福泉宮福德正神農曆 2 月 2 日聖誕慶典，明華園因故無法到島上演出，只好另聘別團演出，一棚 45,000 元。而明華園則說，騰風宮大眾千歲慶典時，可以來演出。但是，許真念說，福泉宮福德正神不演，騰風宮大眾千歲那邊就不可能演，兩邊要一致。況且，與明華園配合這麼久，神明聖誕日是固定的，怎可臨時變卦，有可能以後會另請他團演出。同時又說，福泉宮福德正神這邊有，騰風宮大眾千歲那邊一定要有，所要強調的是，作為一個廟務管理人，為神明做事情是公平謹慎的。〔註20〕

　　福泉宮、騰風宮的財務穩定，相對的，在花費上也大方，例如於戊戌正科（2018）迎王平安祭典的轎班點心。【圖 6-3】三年一科迎王遶境，四角頭福德正神廟各負責當天遶境該角頭中午餐點，也就是負責全部遶境隊伍用餐一切事情。據許真念說，三隆宮補助 20 萬元，但是這麼多人要吃，怎麼夠，所以福泉宮、騰風宮這邊要拿出近百萬元來辦理，讓辛苦的轎班吃最好而吃飽，畢竟三年才一次，吃不好是丟臉的事情。

〔註20〕受訪者：許真念（男，福泉宮、騰風宮總幹事），訪談者：黃永財，地點：屏東縣琉球鄉福泉宮，日期：2020 年 2 月 24 日。

圖6-3：轎班午餐──鼎邊銼（戊戌正科遶巡白沙尾）

【黃永財拍攝：2018/11/16】

二、騰風宮概況

騰風宮，位於琉球鄉中福村三民路310號。登記證為屏寺（92）字第435號，主祀大眾千歲，祭典為農曆7月11日。【圖6-4】

圖6-4：小琉球白沙尾騰風宮

【黃永財拍攝：2020/3/12】

（一）騰風宮沿革

據傳，騰風宮大眾爺廟，是座某武官死後與地方大眾公媽合祀之祠。據〈騰風宮大眾千歲廟誌〉記載：

> 本宮大眾爺，所祀何許人？據古廟碑所載，傳係清朝道光七年臺南
> 府鳳山縣武官，於任內病逝，住民義恤治葬。老主公塑像即先牧童
> 塑雕之土偶，以其靈赫，為立草廟於白沙尾豬灶（即內港西南側），
> 彼時靈異頻開，口耳相傳春秋二祭，無有敢輕慢者。〔註21〕

〔註21〕資料來源：筆者田野調查，地點：屏東縣琉球鄉騰風宮，日期：2020年3月
　　　　12日。

騰風宮的大眾千歲，是卒於任內的武官，小琉球白沙尾住民認為，就神靈而言，有別於陰廟中的孤魂野鬼的神明，也是琉球鄉所有供奉有應公性質的廟宇中，最具規模。大眾爺廟原在白沙尾「豬灶」（屠畜場），即內港西南側。內港是小琉球老人會右側港灣，老人會前方立有一塊「小琉球漁港」。【圖6-5】豬灶早期是處老墳區，百年多前，人們避諱的墳區，如今卻成為島上精華繁榮之處。

圖 6-5：小琉球漁港地標碑

【黃永財拍攝：2020/2/24】

騰風宮的建廟，據〈騰風宮大眾千歲廟誌〉記載：清道光 7 年（1827）建草廟於屠畜場附近。清同治 9 年（1870）草廟失修，乃尊神示，遷於現址，改建瓦廟，祠其廟號：「大眾爺廟」。民國 41 年（1952）重建，歷 52 年長久破漏失修，民國 93 年 4 月 17 日開工重建，民國 95 年（2006）農曆 3 月 10 日，午時舉行晉廟大典。

騰風宮的廟地，為清代本鄉治安官署駐軍營房。清光緒甲午戰敗，臺灣割讓，營兵撤守，苦無路費歸國。本鄉杉福村村人氏林蛙等十餘人，贈返途旅費。營兵因而銜恩，投挑報李，將營地〔註22〕交林氏等人分耕，餘潤充本宮祭祀所需。後由分耕人合議，改歸林蛙乙人為管理人。〔註23〕

（二）騰風宮與騰鳳宮

「騰風元帥」在臺灣民間信仰中較為罕見，相關文獻並未記載來歷。其

〔註22〕營地：99 番地，防守琉球鄉並兼行治安。摘錄自「臺灣省屏東縣琉球鄉宗教調查表」民國 48 年（1959）：臺灣省文獻委員會，目錄號碼 4，騰風宮。

〔註23〕摘錄自〈騰風宮大眾千歲廟誌〉，資料來源：筆者田野調查，地點：屏東縣琉球鄉騰風宮，日期：2020 年 3 月 12 日。

研究有戴文鋒的〈臺南地區民間無祀孤魂轉化為神明的考察〉：

> 最早提及騰風元帥的是民國 46 年江家錦《臺南縣志稿‧人民志宗
> 教教篇》，其內容談到七股鄉港西村有一座名為唐安宮的廟宇，創於
> 光緒 4 年（1878），主祀神為「騰鳳元帥」。據江家錦的調查，「騰鳳
> 元帥」，傳：生前義勇救民，剿匪有功，死後被奉為神。而民國 52
> 年謝石城、陳清誥合編的《臺灣省臺南縣市寺廟大觀》則記：「騰風
> 元帥，乃體力強大之神，生前義勇救民，剿匪伐賊，為地方謀安居，
> 死後人民感念其義氣，乃奉為神，永得香煙。」〔註 24〕

騰鳳元帥或騰風元帥，是為鄉里剿匪而犧牲生命的勇士，死後，人民感念其
義氣，乃奉為神。「騰風」之意：「取其能馭風而行、不畏風浪之義。」騰風元
帥被後人誤寫成「騰鳳元帥」。〔註 25〕

　　琉球鄉的中福村三民路 310 號的「騰風宮」，主祀神是大眾千歲。有的文
獻對其「騰風宮」的名稱記載為「騰鳳宮」，據戴文鋒的〈臺南地區民間無祀
孤魂轉化為神明的考察〉指出：

1. 民國 48 年（1959）的《臺灣省宗教寺廟調查書：小琉球》的調查：正
   稱：「騰鳳宮」。俗稱：大眾爺廟。地址：中福村 5 號。
2. 民國 56 年（1967）的《臺灣寺廟名鑑》：「騰鳳宮」，琉球鄉中福村 1
   鄰 2 號。
3. 民國 61 年（1972）臺灣寺廟編印委員會的《臺灣寺廟（第一集）》：琉
   球鄉「騰鳳宮」，主神大眾爺，地址中福村 5 號。
4. 民國 63 年（1974）林衡道的《臺灣寺廟大全》：琉球鄉「騰鳳宮」，主
   神大眾爺，地址中福村 5 號。〔註 26〕

　　戴文鋒指出：琉球鄉騰風宮的廟址號碼雖因年代不同而有更動，但一直
都位於中福村。而《臺灣省宗教寺廟調查書：小琉球》、《臺灣寺廟名鑑》、《臺
灣寺廟（第一集）》、《臺灣寺廟大全》等書，寫成「騰鳳宮」是誤寫。〔註 27〕

〔註 24〕戴文鋒：〈臺南地區民間無祀孤魂轉化為神明的考察〉，《臺灣史研究》第 18
　　　　卷第三期（中央研究院臺灣史研究所，2011 年 9 月），頁 151。

〔註 25〕戴文鋒：〈臺南地區民間無祀孤魂轉化為神明的考察〉，《臺灣史研究》第 18
　　　　卷第三期（中央研究院臺灣史研究所，2011 年 9 月），頁 156、158。

〔註 26〕戴文鋒：〈臺南地區民間無祀孤魂轉化為神明的考察〉，《臺灣史研究》第 18
　　　　卷第三期（中央研究院臺灣史研究所，2011 年 9 月），頁 152、153。

〔註 27〕戴文鋒：〈臺南地區民間無祀孤魂轉化為神明的考察〉，《臺灣史研究》第 18
　　　　卷第三期（中央研究院臺灣史研究所，2011 年 9 月），頁 153、154。

同時，據筆者的走訪調查琉球鄉的中福村三民路 310 號的「騰風宮」，並未有「騰鳳宮」的相關資料或舊跡，有可能如戴文鋒指出，是誤寫。「騰風宮」，廟名的由來，據騰風宮總幹事許真念說，清代時有位縣官來小琉球巡視，知道大眾爺前身是派駐在鳳山縣的武官，而死於任內，為感念盡忠職守，便賜名「騰風宮」。〔註 28〕

（三）大眾爺廟與大將廟

琉球鄉的騰風宮，民國 95 年（2006）農曆 3 月 10 日，重建後，其廟中門楹聯：「騰左右，弭平惡害，自有余尺寸；風來去，獎掖善功，不差爾分毫。」龍邊楹聯：「大小罪無可逃，陰司有罰；眾微善有餘慶，陽祿無虧。」兩對楹聯分別以「騰風」、「大眾」為首的廟聯，呈現騰風宮在琉球鄉當地信仰中，是一座「大眾爺廟」，而主祀神大眾爺就是「騰風元帥」的關聯性。〔註 29〕

琉球鄉騰風宮在日治時期，寺廟登記是座「大將廟」，據《臺灣總督府公文類纂宗教史料彙編》（明治 28 年 10 月至明治 35 年 4 月）的記載：「小琉球島白沙尾，『大將廟』，建立年度，清光緒 2 年（1876）。」〔註 30〕

琉球鄉騰風宮日治時期寺廟登記，名為大將廟，是否與清道光 7 年間，卒於任內的武官的職位有關，所以才以「將軍」之銜稱「大將」，或者日治時期調查人，把「眾」聽成「將」（閩南語），已無從得知。

然而騰風宮的大眾爺原指是無依的孤魂，後來，信徒因其靈驗，逐漸將予以神像化、神格化，使其位階提昇為將領級的「大將」或「元帥」的稱呼，才能依附於王爺的信仰體系中。王爺、大將（軍）、元帥三者，不僅在廟宇是一種民間信仰體系，在帝王朝代的官僚王府也是一種政治權力與位階體系。〔註 31〕

〔註 28〕受訪者：許真念（男，福泉宮、騰風宮總幹事），訪談者：黃永財，地點：屏東縣琉球鄉許真念家裡，日期：2020 年 3 月 12 日。

〔註 29〕戴文鋒：〈臺南地區民間無祀孤魂轉化為神明的考察〉，《臺灣史研究》第 18 卷第三期（中央研究院臺灣史研究所，2011 年 9 月），頁 154。

〔註 30〕溫國良編譯：《臺灣總督府公文類纂宗教史料彙編》（明治 28 年 10 月至明治 35 年 4 月）在明治 31 年（1898）11 月 16 日，陳報民政長官後藤新平的〈前鳳山縣轄內社寺、廟宇、教務所等數量及布教狀況等調查書〉（南投市：臺灣省文獻委員會，1999 年 6 月），頁 432。

〔註 31〕戴文鋒：〈臺南地區民間無祀孤魂轉化為神明的考察〉，《臺灣史研究》第 18 卷第三期（中央研究院臺灣史研究所，2011 年 9 月），頁 167

圖 6-6：高雄鳥松大將廟

【黃永財拍攝：2020/3/10】

　　相關名為大將廟的廟宇，高雄市鳥松區夢祥巷 1 之 16 號，有座「大將廟」，廟內主神是「大將爺公」，據傳是位武官。【圖 6-6】據高雄市鳥松區大將廟的〈大將廟沿革記〉記載：

> 大將軍（俗稱大將爺公），姓陳名元，生於福建。清康熙六十年春，
> 奉派任臺南府左營千總之職。是年逢朱一貴、杜君英及各地叛逆起
> 兵立旗造反，攻克岡山及下淡水。適時鳳山南路參將苗（周）應龍
> 告急，希陳千總率兵救援。陳千總率領援兵從楠梓坑行至赤山時，
> 朱一貴及杜君英等叛賊已佈下了埋伏，又當時赤山仔郊道樹木雜草
> 叢生，雙方展開一場混戰。陳千總奮勇力敵，在混戰中不幸身被長
> 刀刺殺，為國犧牲而陣亡。遇難時為蒲月初三日申時。因亡於赤山
> 仔，而英靈常顯，保佑庄民，附近庄民為感念陳千總為國盡忠而捐
> 軀，並籌資建廟，其廟曰：「大將廟」並稱陳大將軍。〔註32〕

陳千總由於為國犧牲而陣亡，因亡於赤山仔，而英靈常顯，保佑庄民，庄民為感念他籌資建廟，稱「大將廟」，並稱陳大將軍。對於高雄市鳥松區大將廟，《鳳山縣采訪冊》有記載，其建廟原由與該廟沿革相同無異。〔註33〕

〔註32〕資料來源：筆者田野調查，地點：高雄市鳥松區大將廟，日期：2020 年 3 月
　　　　10 日。

〔註33〕《鳳山縣采訪冊》：「大將廟（祀陳大將軍，即陳元），在赤山里，縣北八里，
　　　　屋二間，同治八年中軍趙品修（按舊志「武功」列傳載：陳元，侯官人，
　　　　台灣鎮標左營千總。臺賊朱一貴倡亂時，元同本標右營游擊周應龍率兵禦
　　　　賊於南路岡山。元奮勇掩擊，賊稍卻，官軍進屯赤山。越日，賊悉眾來，
　　　　四面圍攻，官軍深入，不清地利。元力戰，數次中創，被獲，逼降，不屈
　　　　死。事聞，予恤，賜祭一次，蔭一子以千總用，厥後居民即其地建廟祀之）。」

另外，據《鳳山縣采訪冊》的記載，在高雄鳳山地區有座大將廟，其記載：「大將廟（祀康將軍，事蹟未詳），在七老爺莊（大竹），縣西南三里，屋五間，雍正十三年李元、蔡南建，同治十一年葉庚修。」〔註34〕這座大將廟是否指的「鳳山雷府大將公廟」（高雄市鳳山區五甲一路732號），未可確定，因為該廟所祀主神有不同，采訪冊的記載，祀康將軍；鳳山雷府大將公廟，所祀雷府大將公。

臺灣民間信仰，早期在臺灣戰死或因故而死的將領，被當地人們埋葬後祭祀再建廟，稱大將廟，或稱大眾廟，主要是奉祀孤魂枯骨，民間認為鬼中的老大或頭目。所以騰風宮，除了被誤寫騰鳳宮，騰風元帥，也被人們誤寫「騰鳳元帥」、「滕府元帥」、「勝府元帥」等，應是無心。但先人把大眾爺轉化成騰風元帥，則是有意。據戴文鋒的〈臺南地區民間無祀孤魂轉化為神明的考察〉指出：「元帥之稱，即對無祀孤魂大眾爺『將軍化、將領化』的第一步。第二步就是把已將軍化、將領化的大眾爺再加以姓氏化，宣稱祂們為歷史人物。然後將歷史人物套入民間信仰忠義成神的觀念裡。」〔註35〕而民間信仰最常使用就是得到最高神祇的敕封，也就是亡靈要成為正神大道，得到玉皇大帝的敕封。〔註36〕使傳說的無祀孤魂轉化成正神的最後一道程序。

琉球鄉騰風宮大眾爺，已經不是元帥級的神格，據〈騰風宮大眾千歲廟誌〉記載：某科迎王，代天巡狩大千歲，察巡蒞此。知明神祐國護民，庶能妖屬不生，冥陽蒙祐，乃奉玉旨敕封「大眾千歲」。封為千歲始於何時，無可考，在廟誌只能用「某科迎王」交待。

騰風宮大眾爺未封千歲前是大眾元帥，又稱將軍，即對無祀孤魂大眾爺將軍化、將領化，之後，再高昇千歲，千歲等同王爺。不過，琉球鄉先人，並未進一步將這位武官冠上「有姓無名」的神祇，現今還是以大眾爺、大眾千歲稱之。

摘錄自清·盧德嘉：《鳳山縣采訪冊》（第一冊）（臺北市：臺灣銀行，1960年8月），頁186。

〔註34〕清·盧德嘉：《鳳山縣采訪冊》（第一冊）（臺北市：臺灣銀行，1960年8月），頁187。

〔註35〕戴文鋒：〈臺南地區民間無祀孤魂轉化為神明的考察〉，《臺灣史研究》第18卷第三期（中央研究院臺灣史研究所，2011年9月），頁158。

〔註36〕劉還月：《臺灣民間信仰》（臺北市：行政院新聞局，2000年11月，第一版），頁46。

（四）武官來歷

　　騰風宮大眾爺廟，是座某武官死後與地方大眾公媽合祀之祠。據〈騰風宮大眾千歲廟誌〉記載：係清朝道光七年臺南府鳳山縣武官，於任內病逝，住民義恤治葬。前述並未言明這位武官任內病逝何處，然而《琉球鄉志》，有其記載：

> 清道光 7 年（1827），臺南府鳳山縣派某武官鎮守於今中福村之
> 地，不幸任中病逝，由住民設喪治葬，並立草廟於白沙尾豬灶附
> 近。〔註37〕

清道光 7 年（1827）間，臺南府鳳山縣某武官，於中福村之地任內病逝，中福村今為琉球鄉內的村落。據此，有必要釐清，因為小琉球最早派軍兵鎮守的年代，是清光緒 3 年（1877），恐宵小之易於藏匿也，亦屯兵戍守之。〔註38〕所以清道光時期，應無某武官鎮守而病故於小琉球。

　　相關於這位武官來歷，據鄭華陽的《字繪琉嶼──琉球信仰側記》提出假設：

> 琉球嶼上大眾爺的崇敬應是兩種信仰的融合。清同治 9 年（1870）
> 遷至現址改修瓦廟前，嶼上已有屬祠，即廟誌中所云失修之草廟。
> 若廟碑所載老主公身世為真，則老主公應是清光緒 3 年（1877）
> 隨軍而來的神靈，駐軍將之與駐地內屬祠同祀，如此才能合理解
> 釋。〔註39〕

琉球鄉騰風宮，這位某武官，地方上人們稱「老主公」。鄭華陽的假設，其意是老主公應是清光緒 3 年（1877）隨軍而來的神靈，而與駐地內屬祠同祀。鄭華陽的假設，給予保留。

　　如果，老主公是隨軍而來的神靈，是否為無祀孤魂。而無祀孤魂，一般不會被分靈或分香的。鄭華陽所指的隨軍而來的神靈，是否在民間信仰中，所謂附身某人或某物（牌位）而來，不得而知。

　　鳳山縣這位武官來歷交待可議，對於早期小琉球人因受教育不普及，可能不去注意，現今小琉球人才濟濟，騰風宮主事者似乎應察覺到。因此，騰

〔註37〕洪義詳主修、林澤田總編纂：《琉球鄉志》（屏東縣：屏東縣琉球鄉公所，2006
　　　　年 12 月），頁 283、284。
〔註38〕清・夏獻綸：《臺灣輿圖》（南投市：臺灣省文獻委員會，1996 年 9 月），頁 15。
〔註39〕鄭華陽編著：《字繪琉嶼──琉球信仰側記》（屏東縣：屏東縣立琉球國民中
　　　　學，2018 年 10 月，初版），頁 206。

風宮民國 95 年（2006）立的〈騰風宮大眾千歲廟誌〉（碑文），未記載鳳山縣武官是在小琉球中福村任內病逝。顯然廟誌有意不提，也就是新版碑文經修改過的。然而從早期文獻的記載，可參考這位武官病逝何處。據「臺灣省屏東縣琉球鄉宗教調查表」民國 48 年（1959），騰風宮大眾爺廟，記載：

> 本宮緣於大清道光七年間，有當時某武官鎮守當地治安因病故，舉目無親，鄉民有志義恤，設葬並建立草廟於當地白沙尾，現有屠畜場附近為紀念英靈。〔註40〕

民國 48 年（1959）調查表所記載，這位武官死於「當地」，葬於琉球鄉白沙尾境地，並建草廟立祀。顯然的，調查表比騰風宮民國 95 年（2006）立的〈騰風宮大眾千歲廟誌〉（碑文），多出這段記載。如果沒有注意，不容易察覺。

綜之，據筆者推測，早期小琉球先人有意把大眾爺轉化成騰風元帥，而附會某武官死於當地，但未查察駐守小琉球兵員始於年代。實際上騰風宮大眾爺是座合祀無主的陰廟，據〈騰風宮大眾千歲廟誌〉記載：

> 大眾爺又稱聖公、陰陽公、大正爺、千眾爺，本省各鄉鎮多有祠祀，乃本宮主神。俗傳係陰司鬼王之統稱，配牛頭、馬面將軍。左傳有周成王晉侯夢大厲之說。所謂大厲即大眾爺，乃成群無依鬼魂之統率。明、清之季，閩、粵移民渡臺拓墾，多形單影隻，無家眷隨行。輾轉各地，或遇蠻烟瘴雨，疫癘流行，或械鬥，番害而死於溝壑，屍骨暴露。有仁心善士，憐其淒風淋雨，暗夜嗥號，收埋白骨，並為立祠。〔註41〕

從〈騰風宮大眾千歲廟誌〉中，清楚說明騰風宮主神大眾爺，是陰司鬼王，乃成群無依鬼魂之統率。

三、信仰靈驗

琉球鄉白沙尾的騰風宮大眾廟，原是無主孤魂無祀的大眾公媽廟，早期從一塊木板，轉變成土隅，經所謂神靈入神，再到雕塑金身，這個過程有著老主公金身的傳說。

大眾爺是琉球鄉俗稱鬼魂之首，每年碧雲寺觀音佛祖聖誕大戲結束，皆

〔註40〕「臺灣省屏東縣琉球鄉宗教調查表」民國 48 年（1959）：臺灣省文獻委員會，目錄號碼 4，騰風宮大眾爺廟。
〔註41〕資料來源：筆者田野調查，地點：屏東縣琉球鄉騰風宮，日期：2020 年 3 月 12 日。

由騰風宮大眾爺迓後收尾。三年一科迎王平安祭典的遶境，最後一天的走輦最後一站是到騰風宮，由大眾爺負責迓後收尾。

許真念對於廟務管理及神祇的信仰極為投入，曾經在夢境「看見」大眾爺多次「顯現」。當騰風宮要重建時，大眾爺要物色總幹事人選，許真念就是大眾爺欽定的總幹事。當筆者訪談他時，能清楚有條理的敘述，在夢境「看見」大眾爺。

（一）老主公的金身傳說

早期，相思埔有一群小孩在玩捏土，捏做一個土偶，之後將土偶綁在椅子上，學四駕般左右擺動，果真發起來，一直往白沙尾豬灶方面跑，跑到豬灶後才停下來，人們才知道是大眾爺附身到土偶上。

附身於土偶的大眾爺，是何許人？據〈騰風宮大眾千歲廟誌〉記載：傳係清道光 7 年（1827），臺南府鳳山縣武官，於任內病逝，住民義恤治葬。老主公塑像即先牧童塑雕之土偶，以其靈赫。之後，琉球鄉人稱這位武官附身在土偶上的神靈為老主公。

據騰風宮總幹事許真念說，這位老主公可能有很多部下，所以非常靈驗，常到處辦事濟世。據〈騰風宮大眾千歲廟誌〉記載：

> 某年，老主公金尊，以靈異斐聲，東迎西逗，坐輦晃搖，軀首破損，有郭朝枝氏為塑綴粧飾。神報其德，遂教郭氏以漢方行醫，凡有病患皆卜其筊而後授藥，無不病除。一時郭氏門限為穿，遠近望診，因而致富，無不知者。〔註42〕

許真念說，某年，琉球鄉蔡家有事求助大眾爺前去辦事，由於土偶神像，經左右晃動，頭斷了，頭部毀損。大眾爺指示要找人裝頭，便找到琉球鄉人郭朝枝。郭朝枝人稱郭朝和，朝和心想奇怪：

> 我會裝佛像也未告訴過別人，哪有人會知道，朝和不信，到大眾爺面前擲了六筊，朝和才驚覺這事是要他辦了，便用混凝土重捏頭形，再用糯米甚麼的與原本的土黏接，有人說大眾爺要有鬍鬚看起來才威風，朝和又幫伊接鬍鬚，不然，大眾爺原本是沒有鬍鬚的。〔註43〕

〔註42〕資料來源：筆者田野調查，地點：屏東縣琉球鄉騰風宮，日期：2020 年 3 月
　　　　12 日。

〔註43〕鄭華陽編著：《字繪琉嶼──琉球信仰側記》（屏東縣：屏東縣立琉球國民中
　　　　學，2018 年 10 月，初版），頁 233。

老主公的頭部完成，金身終於完整。目前恭奉在正殿神龕，鎮殿神像的正前位，據筆者觀察神像臉部似有脫落狀。許真念說，老主公（土偶）金身的身體是一塊泥土，用一塊紅綢包住，現今不能輕易移動，怕受損。

大眾爺最早是沒有金身，只有一塊長方形木板，上方橫寫「白沙尾」，中間直寫「大眾爺」，整塊木板書寫「白沙尾大眾爺」。據說早期在豬灶那個地方就有這塊白沙尾大眾爺木板，後來才有土偶金身，是從相思埔一路過來的，到了建廟才有鎮殿神像。這塊「白沙尾大眾爺」木板，現今是在騰風宮的正殿神龕的鎮殿神像後面。〔註44〕

琉球鄉騰風宮的土偶是被顯靈降入，鄉內早期也有土偶被神靈降入的現象，如碧雲寺的原由傳說：早年小琉球田深有一個孩子，突然興起，捏造一「土佛」，並私下跪拜，之後觀音佛祖神靈降入，稱「土偶佛」。土偶佛，同樣在臺灣本島的寺廟也有「土偶佛」，如高雄市田寮區清龍山寺觀音佛祖，據傳：蔡們、陳閃夫婦在閒來無事，取「泥土塑造觀音佛祖」形象，早晚膜拜。〔註45〕騰風宮的土偶神像，至今尚奉祀在正殿神龕內，而碧雲寺及清龍山寺「土偶佛」早已毀壞，不知所蹤。

琉球鄉騰風宮的土偶神，是孩童嬉戲所發生的現象，到後來被立廟奉祀的神靈，與臺灣本島的寺廟似乎有雷同之處。所不同之處，騰風宮的土偶神則是大眾爺，是無祀孤魂；碧雲寺與清龍山寺，都是土偶佛（觀音佛祖），是神佛。

從陰廟轉變的過程來看，琉球鄉騰風宮從原來的牌位（白沙尾大眾爺），變成土偶神（神靈附其身），再轉成俗稱金身（神像），但是其神格低，多少帶些鬼魅色彩。有了基本神格，就有機會再轉成將軍、元帥，甚至受到敕封千歲，邁向王爺之路。李亦園的《宗教與神話論集》中，提到陰廟的轉變趨向：「從陰廟轉變為陽廟的意義，表示鬼魅可轉變為神明，也就是說屬陰的鬼魂經過人的崇拜可以逐漸轉形為陽的神靈。從宗教學的立場言，鬼魂之能夠轉形為神，亦即代表『人』在終極的狀況下，亦可轉變為神。」〔註46〕

〔註44〕受訪者：許真念（男，福泉宮、騰風宮總幹事），訪談者：黃永財，地點：屏東縣琉球鄉許真念家裡，日期：2020年3月12日。

〔註45〕資料來源：摘錄自清龍山寺沿革。受訪者：陳先生（男，清龍山寺廟祝），訪談者：黃永財，地點：高雄市田寮區清龍山寺，日期：2019年9月19日。

〔註46〕李亦園：《宗教與神話論集》（臺北縣：立緒文化事業有限公司，1998年1月，初版），頁283、284。

（二）大眾爺迓後收尾傳說

每年農曆 2 月 19 日是觀音佛祖聖誕，在農曆 1 月 15 日，這一日，來自臺灣本島歌仔戲劇團的負責人，趕赴小琉球碧雲寺參加戲棚擲筊，爭取一年度演出機會。尤以擲到「正棚」，在農曆 2 月 18 日開始演天公戲，2 月 19 日是觀音佛祖生日演戲，2 月 20 日註生娘娘生日，連同福德正神演戲一天，所以在碧雲寺共連續演出 3 天。

農曆 2 月 21、22 日，移到三隆宮王爺廟演 2 天。農曆 2 月 23 日再移往上杉福安宮，農曆 2 月 24 日上杉萬眾千歲。接下來花矸仔哪吒、福隆宮、大福村福安宮、萬聖府、東安府。清明節休息一天。清明節隔天，又從聖后宮、井仔口大聖爺，回到碧雲寺，接副棚謝神戲，再前往本福村的福泉宮、騰風宮（大眾千歲，俗稱大眾爺）。如【圖 6-7】是 2019 年正棚戲團；【圖6-8】2020 年正棚戲團。

圖 6-7：小琉球 2019 年正棚戲團　　　　**圖 6-8：小琉球 2020 年正棚戲團**

【黃永財拍攝：2019/3/24】　　　　　【黃永財拍攝：2020/3/12】

從農曆 2 月 18 日演天公戲開始，演出棚數（天數）尚須依信徒答謝寄付登記為準，如早期演出近 30 天左右，現在雖略減，但也有 20 多天的演出。不論演出多少棚（天），如何輪流，白沙尾福泉宮是倒數第二，騰風宮大眾廟必定是最後一棚，過了大眾廟，今年度碧雲寺觀音佛祖聖誕的大戲才算落幕。

為何一定要在騰風宮大眾廟演最後一棚，據琉球鄉老輩說，作戲除了酬神以外，一些無形的東西（好兄弟）也會來看戲。騰風宮大眾爺是全島上無主孤魂的頭，所以戲看過後，該收束，就由騰風宮大眾爺負責迓後收尾，避免無主孤魂在外遊蕩。不過，在騰風宮大眾廟最後一棚作戲何時結束，戲班負責人要擲筊問大眾爺，當晚到幾點才能下戲。許真念說，曾經有戲班未依規定，提前卜戲，隔天即搭船離開，又立即返回小琉球，重新演出。

　　大眾爺除了靈驗之外，據當地老輩說，個性非常剛烈。〔註47〕某年，大眾爺生日演戲，演到當晚9時多（而一般則演到9時就結束），按例請示大眾爺要演到幾點，但是祂一直沒指示，一直到10時多，才指示要演到隔日早上2時。這時戲班在臺上的演員已經不爽，戲團負責人聽說要演到這麼晚，怒氣沖沖的說：「哪有人這樣演戲」。話說完，馬上口吐白沫倒下在戲臺上。經騰風宮管理委員會、爐主等，向大眾爺求情，戲團負責人才醒來，立即跪在大眾爺前一直拜，當晚就演到隔天早上凌晨2時。〔註48〕

　　小琉球碧雲寺觀音佛祖聖誕的作戲，戲團演出是不能馬虎的，碧雲寺管理委員會要求一定要到12人，否則少1人，就扣5,000元戲金。到了騰風宮大眾廟的最後一棚結束，不用「散戲」，而用「下戲」。其因是由騰風宮大眾爺負責迓後收尾，避免用「散」字，深怕好兄弟未能回歸其位，又各自散去，所以才以「下戲」稱之。

　　三隆宮三年一科迎王平安祭典，遶境四角頭順序：第一天大寮角、第二天天臺角、第三天杉板路角，最後一天白沙尾角。白沙尾角的騰風宮大眾廟，是四天遶境裡，所有神轎最後一處走輦的寺廟，同時也是大千歲視察的最後一站。為何會以騰風宮大眾廟為最後走輦處，其因與碧雲寺觀音佛祖聖誕的下戲相同，大眾爺將無主孤魂的好兄弟做約束，並且將四天遶境所掃蕩收服不祥的「歹物」（無形的陰穢之物），做一次迓後收尾到騰風宮大眾廟，在送王時，再由大千歲隨王船押回。

　　遶境四角頭最後一天都是白沙尾，但是最後走輦處曾經改變過，據許真念說，有一科遶境第四天到白沙尾，改由某廟是最後一站（走輦處），應負責迓後收尾，結果該廟主神收不了。他說，騰風宮大眾廟是小琉球島上無主孤魂的「老大」，由大眾爺迓後收尾，才能收服這些好兄弟。

〔註47〕據琉球鄉民陳枝法說：大眾爺廟以前很小，在兩三點過後就沒有人敢從那裡過去，因為大眾爺伯在打人，打的聲音「啪啪」響，我的父母和我的哥哥都這樣告訴我。以前大眾爺廟很靈驗，如果有雞、鴨、豬等動物不見，只要去拜大眾爺，擲筊請問祂是在哪一個方向，過一會兒，雞、豬就會跑出來了。摘錄自國立高雄師範大學（提案單位）：《琉球嶼尋根之路——移墾探究成果報告》（屏東縣：屏東縣琉球鄉公所〔招標單位〕，2008年8月），頁185。

〔註48〕國立高雄師範大學（提案單位）：《99琉球鄉討海子民信仰暨王船祭研究計畫第三期——私廟信仰研究成果報告》（屏東縣：屏東縣琉球鄉公所〔招標單位〕，2010年9月，頁42、43。

（三）大眾爺物色重建總幹事人選

　　許真念，現任琉球鄉福泉宮及騰風宮總幹事，未擔任之前，服務於琉球國中，民國 89 年（2000）自學校退休後，原本要移居屏東縣東港鎮，後來聽聞福泉宮福德正神廟要重建，可能受他的父親影響，於是留在島上幫忙料理廟務。

　　福泉宮，民國 90 年（2001）農曆 1 月 1 日開工重建，歷時約 2 年，於民國 92 年（2003）農曆 1 月 31 日興建落成。福德正神廟剛建廟完成，接著是大眾廟要重建。據許真念說，大眾廟尚在籌劃重建時，大眾爺此時已開始物色重建委員會總幹事人選，大眾爺曾在夢境顯現找許真念 5 次：

　　第 1 次，有一位，從白沙尾豬灶走下來，樣貌是位年輕人，沒有鬍鬚，全身白色衣服，問許真念，認識我嗎，然後就說，他是大眾爺。接下來，大眾爺說，他很忙，現在很忙，後來朝花矸仔方向走去，不見了。

　　第 2 次，大眾爺說要重新建廟，找許真念幫忙，並要由他擔任總幹事。後來，經由擲筊選總幹事，別人擲無杯，許真念是三杯，做騰風宮大眾廟的總幹事。

　　第 3 次，建廟中，大眾爺找許真念說：你每天只寫信徒寄付金的事情，怎麼不寫我的史源呢？

　　第 4 次，許真念的姊夫蔡添丁，是大眾廟的廟祝。有一天晚上，許真念到大眾廟，他向蔡添丁說，這麼晚了，為何小邊的廟門還不關，蔡添丁說，大眾爺在等你。當許真念踏進廟內，嚇了一大跳，看到一個似學校大的廣場，大眾爺拿著令旗正在操兵，嚇得趕快跑出去。

　　第 5 次，大眾廟建廟快完成，許真念去大眾廟，居然廟中沒有看到任何一，尊神像。只有看到一位背影，從背影看，像他的父親，又像大眾爺。背著他說，廟中沒有神尊，出去討海了。〔註49〕

上述 5 次夢境，許真念很清楚依照如上順序說出〔註50〕。為何能將夢境這麼清楚交待，他說，他的父親在世的時候，曾說，如果能力許可的話，福德正神及大眾爺可以幫忙做儘量去做。也許這個緣故，加上熱衷協辦廟務，使他過

〔註49〕受訪者：許真念（男，福泉宮、騰風宮總幹事），訪談者：黃永財，地點：屏東縣琉球鄉許真念家裡，日期：2020 年 3 月 12 日。

〔註50〕筆者在訪談當中，曾試著多次故意打斷訪談內容，再重新請他再說一次，幾乎與前述相同無誤。

於投入的關係，所以在夢境可以清楚「看見」大眾爺來找他，也就是「顯現」。也因此大眾爺要許真念擔任騰風宮大眾爺廟總幹事一職。

民間信仰中，對夢的解釋除了占夢之外，另有寄夢、托夢與求仙夢等多種跟夢有關的習俗。據劉還月的《臺灣民間信仰小百科〔靈媒卷〕》中，對於托夢的說法：「托夢則指人在入眠之後，神仙人物或者亡靈遊魂出現在夢中，並指示某些事情，此類例子頗為常見，臺地有許多寺廟創建的緣由，便是神祇托夢而生。」〔註51〕

第二節　大寮大福福安宮及萬聖府

大福福安宮及萬聖府，與大福漁港相鄰。萬聖府位於福安宮龍邊，與大福福安宮同一個管理單位，所以同於本節研究。

大福福安宮及萬聖府，兩座寺廟並未立碑文。相關神明原由及建廟的文獻記載不多，因此訪談大福福安宮、萬聖府總幹事洪明男。他表示，約從民國60年代起，自己實際參與兩廟兩次重建，負責管理廟中大小事務。故本節除了參考相關文獻之外，對於大福福安宮及萬聖府的研究，訪談總幹事洪明男，並多次實際到兩廟走訪調查，作為本節的研究參考資料。

一、大福福安宮概況

大福福安宮，位於琉球鄉大福村仁愛路43號。登記證為屏寺（92）字第445號，主祀福德正神，祭典日為農曆2月2日。【圖6-9】

圖6-9：小琉球大福福安宮

【黃永財拍攝：2020/4/30】

〔註51〕劉還月：《臺灣民間信仰小百科〔靈媒卷〕》（臺北市：臺原出版社，1996年11月，第一版），頁220。

（一）大福福安宮沿革

　　大寮角境內，只有大福村一個村，大福福安宮福德正神廟為境內的角頭廟，是該角頭的居民所共祀。福德正神的原由，據廟方總幹事洪明男表示：

> 本廟開基福德正神，是祖先早期從大陸隨祀來到小琉球。剛開始在
> 現今大福村加油站附近，建小祠奉祀，後來才遷移現址。〔註52〕

大福福安宮未立廟碑沿革，福德正神神像原由，據廟方指出是從大陸來臺（小琉球），並非從臺灣或小琉球島上其他寺廟分靈而來。

　　然而相關大福福安宮福德正神的原由，則有文獻記載，由其他寺廟分靈而來。據「臺灣省屏東縣琉球鄉宗教調查表」民國48年（1959），大福福安宮，記載：

> 本福安宮係奉祀福德正神其由來，與恆春鎮福德正神共奉在權山福
> 德廟裡，為權山開基之福德正神，同受眾民所崇拜。〔註53〕

大福福安宮福德正神的原由，據上述，是從恆春鎮「權山」（高山巖）福德宮分靈而來的。除此，另據《琉球鄉討海子民信仰暨王船祭研究期中報告》記載：

> 本廟奉祀主神──福德正神土地公，早年琉球嶼交通不便，嶼民生
> 活困苦須農漁並重始能營生，若久旱或颱風居民均受塗炭之苦。斯
> 有居民眾旨志集議擬請本鄉碧雲寺觀音佛祖、福德正神分身至此，
> 果獲允意遂建此廟，從此大福村眾民安康，後經幾次翻修，始有今
> 日之宏貌。〔註54〕

據上述引文，大福福安宮福德正神的原由，是由琉球鄉碧雲寺福德正神分身（分靈）而來。

　　綜合上述，大福福安宮福德正神的原由，至目前所得有三：一是由大陸來的。二是由屏東縣恆春鎮「權山」（高山巖）福德宮來的。三是由琉球鄉碧雲寺福德正神分身（分靈）來的。然而，據廟方總幹事洪明男表示，本廟不到屏東縣恆春高山巖福德宮進香，並無關係存在。同時否認從琉球鄉碧雲寺福

〔註52〕受訪者：洪明男（男，大福福安宮總幹事），訪談者：黃永財，地點：屏東縣
　　　　琉球鄉大福村仁愛路104之8號，日期：2020年4月30日。
〔註53〕「臺灣省屏東縣琉球鄉宗教調查表」民國48年（1959）：臺灣省文獻委員會，
　　　　目錄號碼9，大福福安宮。
〔註54〕國立高雄師範大學（提案單位）：《琉球鄉討海子民信仰暨王船祭研究期中報
　　　　告》（屏東縣：屏東縣琉球鄉公所〔招標單位〕，2008年4月），頁103。

德正神分靈。

（二）遷建及改建年代

大福福安宮，建立年代，據廟方主事者說，相傳原立廟於現今大福村加油站附近，之後遷於現址。於民國68年（1979）重建完成。又因年久失修，有必要再次重建，於是拆除重建，於民國95年（2006）農曆8月3日，完成現今新廟體。〔註55〕

相關大福福安宮，廟方未有始建年代的記載。但據「臺灣省屏東縣琉球鄉宗教調查表」民國48年（1959），大福福安宮，記載：

> 同治4年本島因遭歲凶久旱不雨，島民飢荒生活無賴，均在陳之苦，斯時有大寮眾志集議，擬迎請權山福德正神做主，設壇齋戒沐浴祈求上蒼垂憐降雨濟救生全。果然語不虛傳，立蒙上蒼有旨下降甘雨。……自此福德正神感及大寮眾民之虔誠，是以眾民詢謀集議捐資籌建廟宇，至民國39年，因廟宇年久失修，破壞不堪，重新建築現有福安宮之廟宇崇拜。〔註56〕

據上述引文，大福福安宮，始建於清同治4年（1865）。因年久失修，至民國39年（1950）重新建築。另外，花松村的《臺灣鄉土全誌》記載：「福安宮，位於大福村，供奉福德正神，清同治四年（1865）」創建。」〔註57〕

大福福安宮，建立年代，日治時期政府記載建於清代光緒時期，據《臺灣總督府公文類纂宗教史料彙編》記載：「小琉球島，大寮庄，土地廟，清光緒3年建。」〔註58〕清光緒3年，是明治10年，西元1877年。

大福福安宮的創建，更有文獻記載是在民國時期。據《琉球鄉志》記載：

> 大福福安宮為四大角頭土地公廟之一，建於民國30年（1941），於民國68年（1979）農曆12日12日首次重建，距上次重建已有二

〔註55〕受訪者：洪明男（男，大福福安宮總幹事），訪談者：黃永財，地點：屏東縣琉球鄉大福村仁愛路104之8號，日期：2020年4月30日。

〔註56〕「臺灣省屏東縣琉球鄉宗教調查表」民國48年（1959）：臺灣省文獻委員會，目錄號碼9，大福福安宮。

〔註57〕花松村主編：《臺灣鄉土全誌》（臺北市：中一出版社，1996年5月，初版），頁179。

〔註58〕溫國良編譯：《臺灣總督府公文類纂宗教史料彙編》（明治28年10月至明治35年4月）在明治31年（1898）11月16日，陳報民政長宮後藤新平的〈前鳳山縣轄內社寺、廟宇、教務所等數量及布教狀況等調查書〉（南投市：臺灣省文獻委員會，1999年6月），頁432。

十餘年，廟身老舊，預計於民國 93 年 11 月 12 日重建，民國 95 年
（2006）完工。〔註 59〕

據上述，大福福安宮建於民國 30 年（1941），筆者認為應該不是最早的建立
年代。

大福福安宮，同於一般廟宇，不同文獻記載，則有不同建立及遷建年代，
綜合上述文獻，大福福安宮建立年代：「臺灣省屏東縣琉球鄉宗教調查表」
記載，清同治 4 年（1865）。《臺灣總督府公文類纂宗教史料彙編》記載，光
緒 3 年（明治 10 年，西元 1877 年）。《琉球鄉志》記載，民國 30 年（1941）。
之後重建年代：民國 68 年（1979）重建，民國 95 年（2006）完成現今新廟
體。

大福福安宮，遷於現址兩次重建，民國 68 年（1979）重建，民國 95 年
（2006）完成現今新廟體。據總幹事洪明男表示：建造費用分別為：民國 68
年（1979）花費約 500～600 萬元。民國 95 年（2006），建廟基金約 500 萬元，
信徒陸續寄付完成建廟，總花費約 2,500 萬元。由於信徒寄付款很多，尚餘
1,100 萬元。

（三）奉祀神明

大福福安宮，正殿神龕主位神像——福德正神，據廟方主事者說，是從
大陸請過來的，金身約 7 寸，相傳有百年以上歷史。廟體重建後，新廟落成，
曾經擲筊請示福德正神，是否要雕大尊鎮殿福德正神神像，但開基福德正神，
指示不要，保持現狀即可。

由於新廟體建造擴充，正殿神龕面積相對增大，開基神像奉於主位，有
失威儀。因此，於民國 68 年（1979）花費 10 萬元，購買一塊上等木材，作
為底座，讓開基神像坐於木材上面，整個神像墊高。並特製神衣，將衣袍長
度拉長，使整個木材遮於內部。〔註 60〕也使開基福德正神神像，高於同神龕
內的神像，顯得威儀，信徒也能看見福德正神金身。【圖 6-10】

大福福安宮，鎮殿神就是開基神的金身。廟方為方便出境，雕兩尊福德
正神：一尊坐於龍椅上的福德正神，頭戴宰相帽，奉於殿內；一尊福德正神

〔註 59〕洪義詳主修、林澤田總編纂：《琉球鄉志》（屏東縣：屏東縣琉球鄉公所，2006
　　　　年 12 月），頁 287、288。

〔註 60〕受訪者：洪明男（男，大福福安宮總幹事），訪談者：黃永財，地點：屏東縣
　　　　琉球鄉大福村仁愛路 104 之 8 號，日期：2020 年 4 月 30 日。

持柺杖神像，則恭奉在總幹事洪明男家中。三年一科迎王平安祭典，兩尊神像同坐於一頂大轎內，參加遶境。

　　大福福安宮，廟體面向島內，一層樓，前殿為三川殿。正殿神龕主位為福德正神。兩側神龕：左側神龕奉祀註生娘娘；右側神龕奉祀境主尊王。

圖 6-10：小琉球大福福安宮鎮殿福德正神

【黃永財拍攝：2020/4/30】

二、萬聖府概況

　　萬聖府，位於琉球鄉仁愛路，公營船碼頭斜對面，廟體面向海。主祀萬聖公、萬聖媽。單開間加附兩側廂房，前後為二道剪黏燕尾廟脊。【圖 6-11】該地方形成三座廟宇相鄰，中為大福安宮面向島內，萬聖府與水興宮面向海。

圖 6-11：小琉球大寮萬聖府

【黃永財拍攝：2020/6/21】

（一）萬聖府沿革

萬聖府未立碑文，其原由，是筆者訪談總幹事洪明男，他表示：原是一塊石頭，得靈穴地理，奉祀在一間小祠，其祠很小，有如早期鄉間土地公廟。現今石頭是用紅布包起來，恭奉在萬聖府殿內的左側神龕。【圖 6-12】萬聖府由來是否具無祀骨骸合葬或「水流公」性質，據他所知道，原本就是奉祀一塊石頭，與無祀骨骸或「水流公」性質無關。〔註 61〕

圖 6-12：小琉球萬聖府殿內的石頭（紅布包起來）

【黃永財拍攝：2020/4/30】

「水流公」一詞，據增田福太郎的《臺灣宗教信仰》說法：

> 埋葬河流或海上漂來的屍體，類同有應公，但若發生某些傳聞，相信有靈驗，愚民即尊為水流公（或媽），並雲集參拜。於奉獻的小型平旗上書有「水化仙公」「水德流公」等文字，可謂頗具心思。又神像於洪水中漂來者亦稱水流公。〔註 62〕

在河流或海中漂流的屍體、骨甕等，經打撈埋葬後，因其與有應公一樣附會靈驗，而成為民眾祭祀之信仰對象。

小琉球四面環海，從外地漂流而來的屍骨、枯骨金甕，往往被小琉球居民拾獲。依據傳統漢人社會習俗，經撿拾無主枯骨者，因害怕死者的鬼魂作祟，一般上會興建小祠奉祀，其祠只能建低矮無門之祠。有的從海上撈起一甕，後被奉祀於廟內，如琉球鄉華山代天宮，「水府聖王」由來：

〔註 61〕受訪者：洪明男（男，大福福安宮總幹事），訪談者：黃永財，地點：屏東縣
　　　　琉球鄉大福村仁愛路 104 之 8 號，日期：2020 年 4 月 30 日。

〔註 62〕江燦騰主編、增田福太郎原著、黃有興中譯：《臺灣宗教信仰》（臺北市：東
　　　　大圖書股份有限公司，2005 年 5 月，初版），頁 176。

神早期並無金身，亦不曾扶乩自言其名諱祖籍。始於本宮副主任委員洪振文，於 28 年前某日駕其漁船昇勝財號在海上作業，此日天朗氣清，海面亦稱平靜。正是下繩捕釣大好時機，忽見遠處一物載浮載沉，初以是海上船漁船走私，拋置之煙酒，大喜過望。將其撈起乃見一酒甕，以紅綢包著，尚以為是一罈包以紅綢之骨灰，揭開後壓一張靈符，底下有一支道教道長頭插之金簪與灰爐，指送予有緣人得之。〔註63〕

洪振文，見一酒甕不敢棄置，任其漂流，將其攜回，經觀音佛祖指示，放在王船公艙底。之後封誥「水府聖王」，並敕刻金身，現今奉於華山代天宮殿前右側（虎邊）。

萬聖府廟體面向海，臨近海邊，位於琉球鄉仁愛路，公營船碼頭斜對面，其主祀萬聖公、萬聖媽。雖然廟方強調與無祀骨骸或「水流公」無關，但從廟名「萬聖府」，奉祀神「萬聖公、萬聖媽」。又神龕聯為：「萬流歸宗薪火相傳皆勸善；聖教永在仁義並至自救福」，應該是一座無祀骨骸的陰廟。【圖 6-13】

圖 6-13：小琉球萬聖府神龕及楹聯

【黃永財拍攝：2020/4/30】

位於大寮漁港仁愛路，往漁福村方向，有座小祠是背山面向海，沒有奉祀神像，長方形直立石製牌位寫著「小船三姓好兄弟」及香爐一座。據吳明訓：〈小琉球漁民祭祀「水流公」信仰初探〉中，提到「小船三姓好兄弟」：

至於「小船三姓好兄弟」祠也是王拜於海上作業時，意外拾獲一隻

〔註63〕摘錄自〈華山代天宮——水府聖王由來〉，資料來源：筆者田野調查，地點：琉球鄉大福村華山代天宮，日期：2020 年 4 月 30 日。

漂流在海上殘破不堪的杉板船，經託夢該杉板船上附有三姓好兄弟
魂魄，因而建廟供奉之。雖然內部已改以瓷磚為主要建材，但未立
神像只以石塊為牌位，外貌也仍保留傳統小祠的形制，單開間的小
門沒有門板而以鐵欄杆取代之，這幾乎就是最原始的民間小祠的原
貌了，流露著樸實的鄉土氣息。〔註64〕

「小船三姓好兄弟」祠，是漁民海上作業時，撿拾殘破杉板船，船上附有三
姓好兄弟魂魄，因而建廟供奉之。未立神像只以「石塊」為牌位。

萬聖府，初以「石塊」立小祠奉祀。「小船三姓好兄弟」祠，以「石塊」
為牌位。兩者又同位於大福村仁愛路，應該是早期該地方住民，初撿拾無祀
骨骸，以石塊代為祭祀對象。如果石頭可以成神，其要素：巨大或堅硬。石頭
的造形像人或某動物，而顯靈傳說被奉為神祇。

增田福太郎的《臺灣宗教信仰》中，提到曾看見有人在海邊向石塊上香
祈禱情形：

昭和四年（西元1929年）六月，我從臺北州三芝庄赴金山庄，沿著
海岸的一條路上，忽然看到一位老婦向路旁的石塊上香祈禱。靠近
看到石面刻有「保世祐赤」字樣。我問其因，答以數日前她的幼兒
咳嗽生病而心憂。此乃崇拜漂流的屍體墓地者，並無主神或主佛，
僅集一些石頭，然似常有人前來參拜。〔註65〕

增田福太郎在沿著海岸的一條路上，看到一位老婦向路旁的石塊上香祈禱，
認為是崇拜漂流的屍體墓地者。因此，位在海邊的萬聖府與「小船三姓好兄
弟」祠的「石塊」，有水流公崇拜性質。

（二）遷建及改建年代

萬聖府，廟地原屬私人地。據萬聖府總幹事洪明男表示：屏東縣政府要
建大寮漁港，徵收土地，因此萬聖府略為遷移。目前使用土地是屏東縣政府
公有地，每年要繳納土地使用及房屋稅。〔註66〕

萬聖府，改建年代，據總幹事洪明男表示：他經手操辦有二次，第一次，

〔註64〕吳明訓：〈小琉球漁民祭祀「水流公」信仰初探〉《臺灣文獻季刊》，67卷第3
期，2016年9月，頁141、142。
〔註65〕江燦騰主編、增田福太郎原著、黃有興中譯：《臺灣宗教信仰》（臺北市：東
大圖書股份有限公司，2005年5月，初版），頁177。
〔註66〕受訪者：洪明男（男，大福福安宮總幹事），訪談者：黃永財，地點：屏東縣
琉球鄉大福村仁愛路104之8號，日期：2020年4月30日。

民國 68 年（1979）大福福安宮重建完成後，萬聖府才可以重建，所以民國 70 年（1981），萬聖府重建完成。第二次，民國 95 年（2006），大福福安宮重建完成後，按前例，萬聖府才可以重建，於民國 98 年（2009）完成現今廟體貌。

萬聖府，第二次重建費用約花費 1,600 萬元，其中大福福安宮贊助 600 萬元。也就是，大福福安宮當初餘款 1,100 萬元，從中拿出 600 萬元。現今管理委員會存款約有 500 萬元。

（三）大福福安宮與萬聖府管理組織

琉球鄉民間信仰中，四角頭的福德正神廟，皆有一座附屬陰廟。而且管理組織是同一管理委員會。大福福安宮與萬聖府現今管理委員會主任委員是洪光輝，他曾擔任小琉球三隆宮戊戌正科（2018）迎王平安祭典大總理。洪明男是副主任委員兼總總幹事。

兩座廟的財務收支合併，目前廟內餘款就如當初餘 1,100 萬元，從中拿出 600 萬元贊助萬聖府建廟，目前餘款約 500 萬元。洪明男說，從以前的餘款約 500 萬元，經過這麼多年，還是存款約 500 萬元。福德正神表示，夠用就好，廟內不要存太多錢，會造成有心人士覬覦。〔註67〕

大福福安宮與萬聖府，目前年收入約近 30 萬元。支萬聖府稅務以外，支出廟務管理員（廟祝）每月 18,000 元薪資及年終獎金，以及日常基本開銷，可以收支平衡。

三、信仰靈驗

小琉球島上寺廟林立，其神明傳說眾多，尤以漁民出海作業靈驗最為普遍。筆者為采集多元多樣的神明傳說，將大福福安宮的福德正神及萬聖府萬聖公、萬聖媽，例舉兩則靈驗傳說如下。

（一）福德正神的神明帽傳說

小琉球三隆宮迎王平安祭典，是琉球鄉島上三年一次的盛事。大輦（神轎）及轎班聚集三隆宮廟埕，加上信徒、香客、遊客等參與其中，整個三隆宮的廟埕人潮踴現，形成人擠人。

〔註67〕受訪者：洪明男（男，大福福安宮總幹事），訪談者：黃永財，地點：屏東縣琉球鄉大福村仁愛路 104 之 8 號，日期：2020 年 4 月 30 日。

　　據傳，某科迎王平安祭典，神轎都到三隆宮的廟埕集合，不知道是，大福福安宮神轎的轎班動作大，還是未將神明帽戴好，神轎內福德正神的神明帽（宰相帽）掉落地上。這頂神明帽不大，約比成人的拳頭般大一些，當時轎班及廟方人員未察覺土地公的神明帽，已經掉落不見，後來才發覺到。

　　這時轎班及廟方人員，開始找福德正神的帽子，據說，是福德正神指引方向找到。神奇的是，這頂拳頭般大的銀製宰相帽，掉落在地上，毫無被踩踏過痕跡，整頂帽子好好的。

　　據大福福安宮總幹事洪明男說，小琉球三隆宮迎王平安祭典，大福福安宮福德正神的帽子掉落地上，竟能沒有被踩踏到，整頂毫無受損，可見本廟福德正神真的很靈驗。〔註68〕

　　三隆宮的廟埕很大，可容納鄉內各家神轎的聚集。筆者參與小琉球三隆宮戊戌正科（2018）迎王平安祭典，現場的狀況十分熱鬧、吵雜，晚上或白天，神轎、轎班、信徒、香客、遊客等移動，要穿梭而過，是有困難的。如，一頂轎班的帽子或毛巾掉落在地上，立即會被踩踏過去，而且不是被踩一次，是接連的被踩而過。

　　因此，大福福安宮的福德正神的神明帽，掉落地上不被踩到，眾人認為是福德正神的靈驗，才能保住自己的帽子。大福福安宮的信徒似乎覺得神奇靈驗，然而這種現象是無法解釋，畢竟民間宗教信仰的靈現，是帶有巧合的現象。

　　因此，當慶典時，神轎參加遶境前，必須將神轎相關連結的物件綑綁牢固，免於長時間活動，物件脫落。如【圖6-14】，大福村福安宮大轎作遶境前檢查。

圖6-14：小琉球大福村福安宮大轎

【黃永財拍攝：2018/11/12】

〔註68〕受訪者：洪明男（男，大福福安宮總幹事），訪談者：黃永財，地點：屏東縣琉球鄉大福村仁愛路104之8號，日期：2020年4月30日。

（二）寄付金公告

大福福安宮與萬聖府，管理組織是同一管理委員會，所以兩廟慶典的演戲酬神，以福安宮為前，萬聖府在後。如農曆 2 月 2 日是大福福安宮福德正神聖誕，當日演戲。農曆 2 月 3 日，是萬聖府演戲，但是這二天，戲棚都搭設在大福福安宮廟前演戲。

碧雲寺觀音佛祖聖誕，年度演戲是琉球鄉島上盛事。正棚是「神明戲」，從農曆 2 月 18 日演天公戲，接下來則為其他神明的酬神戲，一直到花矸仔哪吒、福隆宮、大福村福安宮、萬聖府。

正棚「神明戲」，輪到大寮角，大福村福安宮是農曆 2 月 27 日。萬聖府是農曆 2 月 28 日，此次演戲的戲棚則要搭設在萬聖府廟前，也是每年度的一次。據傳有一次，農曆 2 月 27 日、28 日，這二天的熱鬧（慶典），信徒寄付名單及寄付金額，只有寫一張公告在大福村福安宮廟前。慶典日按禮數要都要向萬聖府擲筊請示，結果，擲筊都擲不到有杯。後來，經請示萬聖府，為何因故，祂說：熱鬧時，信徒一定有指定寄付金要給我萬聖府，為何寄付明細表，只有貼於福安宮廟前，萬聖府就沒有，這樣不公平。〔註 69〕

經過這次萬聖府的抗議，管理委員會從此將熱鬧（慶典）信徒寄付名單及寄付金額，寫一張公告在大福村福安宮廟前，也在萬聖府公告一張，以示公平。據筆者的走訪調查，並未見兩座廟有公告任何熱鬧（慶典）的寄付明細表。可能是時間點的關係，所以才未看見有相關訊息公告。

上述這一則傳說，有別於其他靈驗。萬聖府雖是附屬大福福安宮的角頭陰廟，其要求無他，只要將信徒寄付給祂的，列一張明細表，公布在萬聖府廟前即可，以表尊重。就所謂「人爭一口氣，神爭一柱香」。畢竟萬聖府是地方的角頭陰廟，不是一般路邊陰廟小祠。其所爭的，似乎有點道理。在民間宗教信仰，不論廟宇大小，都應給予同等的看待及尊重，畢竟在信仰文化上有不同的地位與貢獻存在。

第三節　天臺天南福安宮及萬善堂

天臺天南福安宮及萬善堂，兩廟未緊鄰，相距不遠。同一個管理單位，

〔註 69〕受訪者：洪明男（男，大福福安宮總幹事），訪談者：黃永財，地點：屏東縣琉球鄉大福村仁愛路 104 之 8 號，日期：2020 年 4 月 30 日。

所以同於本節研究。

　　天南福安宮，該廟碑文記載著清代創建，但未言及主神福德正神原由。據文獻記載，是由屏東縣恆春鎮的廟宇分靈回小琉球天臺。然而據當地耆老說，另從他處分靈，並且有著傳說。

　　萬善堂，是間小廟。由天福村與南福村，兩村善男信女暨漁船集資建立共祀。廟中碑文只提及重建捐獻一事，未記載始建何時與主祀神原由。據筆者走訪調查，當地住民似乎對萬善堂的瞭解不多。因此，本節的研究除了文獻之外，訪談當地耆老，並多次實際走訪兩座廟宇，期能獲得第一手資料，對於天南福安宮及萬善堂能夠進一步的瞭解。

一、天南福安宮概況

　　天南福安宮，位於琉球鄉南福村忠孝路 2 號。登記證為屏寺（92）字第447 號，主祀福德正神，祭典日為農曆 2 月 19 日。【圖 6-15】

圖 6-15：小琉球天南福安宮

【黃永財拍攝：2020/5/14】

（一）天南福安宮沿革

　　天臺境內，有天福、南福兩個村，天南福安宮福德正神廟為境內的角頭廟，是該角頭的居民所共祀。其沿革，據〈天南福安宮重建落成記要〉記載：

> 天南福安宮位於山明水秀，風景綺麗琉球海子口福地。創建於清朝
> 同治元年閏八月，距今已有一百五十二年歷史。本宮供奉主神福德
> 正神、天上聖母、水仙尊王。為天福、南福兩村眾弟子、信女所共
> 同供奉，庇祐居民安居樂業、漁船滿載盈歸、合境平安、生活康泰、

數十年如一日，因此香火日復鼎盛，信徒遍及南臺灣各地。〔註70〕
天南福安宮，創建於清同治元年（1862）。由於原廟規模太小，漏水整修不易，經多次改建及重建。

天南福安宮其碑誌，未記載主祀神福德正神原由，而據「臺灣省屏東縣琉球鄉宗教調查表」民國48年（1959），天南福安宮，記載：

> 本福安宮係奉祀福德正神，其由來，與恆春鎮檳山福德廟，福德正神共奉在檳山福德廟裡，為檳山開基之福德正神同受眾民所崇拜。神靈顯赫，求之無不立應，民樂牲康，聲名遠振，香客不絕。迨至民國三年，本島因遭歲凶久旱不雨，島民飢荒，生活無賴，均在陳之苦，斯時有天臺眾志集議，擬迎請檳山福德正神做主，設壇齋戒沐浴祈求上蒼垂憐降雨濟救生全，果然語不虛傳，立蒙上蒼有旨下降甘雨濟救。〔註71〕

據上述，天南福安宮的主祀神福德正神，是從恆春鎮「檳山」（高山巖）福德宮分靈而來的，其建廟年代是民國3年（1914），就是日大正3年。另外，花松村的《臺灣鄉土全誌》記載：「福安宮，位於南福村，供奉福德正神，民國3年創建。」〔註72〕相關福德正神的原由，有其他說法，則另述本節的「神明傳說」。

（二）重建年代

天南福安宮，重建年代，據「臺灣省屏東縣琉球鄉宗教調查表」民國48年（1959）的記載：「因年久失修，於民國40年（1951）重建。」〔註73〕而《琉球鄉志》記載：「民國70年集資重建，翌年2月19日竣工完成，耗費240萬餘元。」〔註74〕又據〈天南福安宮重建落成記要〉記載：於民國96年（2007）集資重建。民國98年6月21日完工。耗資約2,800萬元。

〔註70〕資料來源：筆者田野調查，地點：屏東縣琉球鄉天南福安宮，日期：2020年5月14日。

〔註71〕「臺灣省屏東縣琉球鄉宗教調查表」民國48年（1959）：臺灣省文獻委員會，目錄號碼7，天南福安宮。

〔註72〕花松村主編：《臺灣鄉土全誌》（臺北市：中一出版社，1996年5月，初版），頁180。

〔註73〕「臺灣省屏東縣琉球鄉宗教調查表」民國48年（1959）：臺灣省文獻委員會，目錄號碼7，天南福安宮。

〔註74〕洪義詳主修、林澤田總編纂：《琉球鄉志》（屏東縣：屏東縣琉球鄉公所，2006年12月），頁288。

綜合上述，天南福安宮，創建於清朝同治元年（1862），或是民國 3 年（1914）建立。與一般寺廟一樣，不同文獻，出現不同記載。由於原廟規模太小，漏水整修不易，亦多次改建及重建。因各方文獻采訪時間點不同，天南福安宮的修建、改建與重建過程，則有不同記載。也可以說，天南福安宮的廟體是經過幾次的改建與重建，才有今日的規模。

（三）祀神與廟體設施

天南福安宮，正殿神龕主位（主神）福德正神。兩側：天上聖母（龍邊）；水仙尊王（虎邊）。神龕下方祀虎爺。

廟體面向島內，前殿三川門，基地微抬高。兩側廂房：左（龍邊）設辦公室、會客室、一座白鐵樓梯可上二樓。右（虎邊）設金紙部、神轎一頂。廟體正前方為澳仔口，漲潮或雨季時，低凹處積海水淹於路面。前殿中門聯：「福地開基廟貌巍峨超寶島；安民護國神恩浩蕩鎮天南。」

二、萬善堂概況

萬善堂，廟體建築座落位置，未如大福村萬聖府及杉福村萬年宮與該角頭福安宮相緊鄰。而是與玉海堂、山花堂形成三間並列的小廟。廟體建造規模，殿內陳設較簡單。【圖 6-16】

圖 6-16：小琉球天臺萬善堂

【黃永財拍攝：2020/5/14】

（一）萬善堂

萬善堂，主祀萬善爺。位於天南福安宮廟體右後方，約百公尺公路旁。是間小廟，沒有地址，面向海。其廟門為單門，神龕只有一尊頭戴銀色冠帽

的神像。神龕建造簡單，神位底座是紅色磁磚，牆面貼白色磁磚，神位前用紅色鐵條圍著，廟內兩側為圓形窗。供桌虎邊置一籤筒。廟體外側兩邊，各擺兩長方形鋁製桌椅。龍邊建一座金爐（民國95年〔2006〕農曆2月23日立）。廟埕前方四周用白鐵欄杆圍著，中間開一門。【圖6-17】

圖6-17：小琉球天臺萬善堂全貌

【黃永財拍攝：2020/5/14】

萬善堂的萬善爺，其原由暫查無資料。前殿單門聯：「萬民有賴神威赫；善應無涯國磐安。」據走訪，當地居民只知道是天南福安宮的附屬陰廟，同一個管理委員會，如果要知道，可能要問廟方人員。然而，萬善堂廟祝黃春貴表示，只知道是奉祀萬應公。

萬善堂現今的位置，如果早期立祠處就在現址或不遠處，據筆者推測，應該是早年葬於萬善堂後方山坡不遠處的墳墓，經大雨沖毀流下被撿拾。因為小琉球島上是石岩結構地質，如果沒有深埋屍骨，有可能經長期大雨沖毀而露出；或許在海上或漂流到岸邊被撿拾，這種情形，據吳明訓的〈小琉球漁民祭祀「水流公」信仰初探〉說法：

> 占小琉球廟宇總數4成的陰廟，在小琉球四大角頭的分布狀況，東北角頭的白沙尾特別少見，只有起源於清代的騰風宮，與二次世界大戰後，奉祀八七水災罹難者的三仙宮兩間廟宇而已。其原因可能有二：其一，白沙尾位於琉球嶼北岸，因臺灣海峽的海流主要是向北流，水流屍靠岸附著機率很低；其二，日治時期以來，白沙尾已成為小琉球首善之區，居民經商者漸多，靠討海維生的比例較低，因而較少有遭遇到水流屍的經驗。東南角頭的大寮與西南角頭的天

臺，陰廟分布較多，祭祀亡魂的水流公信仰較為盛行。〔註75〕
陰廟在小琉球四大角頭的分布，白沙尾少見。往大寮角大福漁港，再向西南
角頭的天臺，沿海公路就有陰廟分布。路旁可見立小祠或小廟，且廟體面向
海，背緊鄰小斜坡處或山腰，常見祭祀亡魂的水流公信仰。因此，萬善堂的
萬善爺應是無祀骨骸或水流公信仰的陰廟。

（二）三間並列的廟宇

天南福安宮廟體右後方，約百公尺公路旁，有三間小廟，面向海並列而
建。依序是萬善堂、玉海堂、山花堂。【圖6-18】

圖6-18：小琉球海邊三間並列的廟宇：左起萬善堂、玉海堂、
　　　　山花堂

【黃永財拍攝：2020/5/14】

萬善堂，是天南福安宮的附屬陰廟，現今廟體是民國80年（1991）重建
完成。據重建碑文記載：

> 本廟重建資金，承蒙天南兩村善男信女暨漁船，歷經日積月累所捐
> 獻而成。本廟於民國八十年歲次辛未科巡年桐月二十六日動土，由
> 水泥匠呂枝南先生精心策劃，並由他獨自親手興建。在同年桂月十
> 六日，一切竣工完成入廟。天南福安宮管理委員會為感謝諸位大德
> 重建之熱忱，特篆刻此碑略表感念。〔註76〕

萬善堂，重建經費是由天福村、南福村的兩村居民及船民共同捐獻。於民國

〔註75〕吳明訓：〈小琉球漁民祭祀「水流公」信仰初探〉《臺灣文獻季刊》，67卷第3
　　　　期，2016年9月，頁150。
〔註76〕〈萬善堂重建碑文〉，資料來源：筆者田野調查，地點：屏東縣琉球鄉萬善堂，
　　　　日期：2020年5月14日。

80 年（1991），辛未科巡，經「封大千歲」允許，重建完成。從碑文內容，可知道萬善堂，與天南福安宮是同一個管理委員會。

「玉海堂」，是三間並列中間小廟。廟內神龕奉祀三尊神像。奉祀神明底座是大理石，牆面是白色磁磚，供桌虎邊置一籤筒。其廟門為單門，沒有楹聯。【圖 6-19】廟體外側兩邊，各擺圓方形大理石桌椅。龍邊建一座金爐。

玉海堂，是由黃姓宗族所供奉。原供奉「郭大王」與「三花姑娘」。由於郭大王與三花姑娘不合，只好請溫府千歲前來鎮殿。之後另外建「山花堂」，奉祀三花姑娘。

「山花堂」，是三間並列左側小廟。三花姑娘，原供奉在玉海堂，後另建廟奉祀。建廟資金由南福村及外緣信徒共同樂捐，廟體完成，碑文是民國 92年（2003）9 月 3 日立。廟內神龕奉祀四尊神像，神龕外側由木製板隔著。供桌前寫著「三花姑娘」，供桌虎邊置一籤筒。廟體外側虎邊，擺圓方形大理石桌椅。龍邊建一座金爐。前殿單門聯：「三華引渡檣帆穩；花月留痕慧業生。」【圖 6-20】

圖 6-19：小琉球玉海堂（三間並
　　　　列之一的廟宇）

【黃永財拍攝：2020/5/14】

圖 6-20：小琉球山花堂（三間並列
　　　　之一的廟宇）

【黃永財拍攝：2020/5/14】

玉海堂的郭大王與山花堂的三花姑娘，神祇雖合不來，但在寺廟管理上，還是同一單位。例如，民國 109 年（2020）兩廟收支，收入方面，玉海堂郭大王收入 123,500 元；山花堂三花姑娘收 172,100 元，共計 295,600 元。利息錢收入（定期存款 200 萬元）21,300 元，其他 7,600 元。總收入 324,500 元。總支出 262,510 元，結餘 62,000 元。〔註77〕

〔註77〕資料來源：筆者田野調查，地點：屏東縣琉球鄉玉海堂、山花堂，日期：2020

　　三間並列的廟宇，萬善堂、玉海堂、山花堂。從外而看，不瞭解的人，可能誤以為是同一管理單位。萬善堂與天南福安宮同一管理委員會。玉海堂、山花堂同一個管理單位，玉海堂、山花堂收入是分開的，但經常性支出是一併計入。

三、神靈信仰傳說

　　寺廟的香爐清出香灰整理後，放在廟裡供信徒自行拿用，信仰上，據說帶在身上可保平安，稱「香火」；或加入水中可治病，稱香灰為「爐丹」。

　　香火、爐丹在上述信仰功能之外，香灰是神祇分靈的化身要素之一。如早期從原鄉帶某神明的香火到臺灣，因香火顯靈而雕神像奉祀再建廟。早期小琉球天臺角住民要建福德正神廟，從屏東縣東港鎮寺廟欲分靈福德正神香灰回島上奉祀，發生包錯香灰烏龍傳說。

（一）溫王靈，福德身傳說

　　早期碧雲寺內的福德正神，被請到白沙尾濟事，留祀在白沙尾，當地居民建福泉宮永祀廟裡。從清嘉慶 2 年（1797）以後，小琉球島上另外三角頭住民要拜福德正神，須翻山越嶺才能走到白沙尾，甚感不方便，於是三角頭開始各自倡議建福德正神廟。

　　天南福安宮的福德正神，廟方碑文並未記載原由。目前僅「臺灣省屏東縣琉球鄉宗教調查表」民國 48 年（1959），有記載，源於屏東縣恆春鎮權山（高山巖）福德宮。然而，據天南福安宮及天臺角地方的耆老說，並非源於屏東縣恆春鎮權山（高山巖）福德宮。

　　天臺角的住民，謀劃建福德正神廟，前往屏東縣東港鎮東隆宮，要分靈福德正神，包香灰回小琉球天臺角。據說由於包香灰的人可能喝酒，喝茫了，將溫府千歲的香灰當作福德正神的香灰，包給小琉球天臺角的信徒帶回。換句話說，天臺角天南福德正神廟的福德正神，是溫王的神靈，福德正神的身軀（金身外表）。〔註78〕

　　福德正神金身的外表是土地公樣貌，但神靈是溫王，據說很「兇」，沒有像福德正神的「慈祥」。早期從東港鎮東隆宮分靈回來的「福德正神」，目

　　　　年 5 月 14 日。
〔註78〕受訪者：陳富濱（男，生態解說員），訪談者：黃永財，地點：屏東縣琉球鄉
　　　　天南福安宮，日期：2020 年 5 月 14 日。

前供奉在天南福安宮正殿神龕的鎮殿神左前方，一尊坐在椅子上的神像（小尊），就是天南福安宮開基「福德正神」，距現今約一百多年之久。〔註79〕

（二）外靈入侵，破壞寶穴傳說

小琉球「新豐鎰」漁船，約距現今 40 多年前，在某地擱淺暗礁。後來順利回到小琉球，此後該漁船出海作業一直不順利，不賺錢。

某科，天南福安宮福德正神，前往屏東縣東港鎮東隆宮參加迎王平安祭典，結束後，回程路上（還在東港），新豐鎰船長在半路攔下福德正神神轎，請神明為他船隻祭解，為何船隻出海作業，一直沒賺錢。

於是天南福安宮福德正神頭筆，到新豐鎰船上的輪機艙，頭筆向輪機頭敲一下，一個「靈」就入頭筆，跟隨頭筆回到小琉球。回來之後，這一個靈出來說，祂的名字叫「高鳳天」，原是附靈在某個暗礁，新豐鎰漁船當時擱淺這個暗礁，所以就附靈新豐鎰，跟隨到小琉球。

高鳳天，又說祂是「大天府」，想入天南福安宮廟內，找個位置，享民間信徒祭祀香煙，並沒有惡意。但是不被廟方接受。後來，高鳳天想改掉天南福安宮的「玉旨牌」，被天南福安宮的天上聖母（奉祀正殿左側神龕），附身該廟廟婆身上阻擋，沒有改成，否則事情就麻煩了。

天南福安宮，傳說該廟有三個寶穴，一是，正殿神龕福德正神正下方，是個「龜穴」。二是，廟體龍邊是「麒麟穴」，麒麟頭在廁所位置，身大概是在松樹附近，尾在金爐。三是，「堵口珠」，在廟體龍邊斜前方，澳仔口的海水中有一粒大石頭。

高鳳天，想入天南福安宮廟內，原無惡意，被拒絕之後，生氣了。開始展開破壞，將廟體龍邊麒麟穴破掉。所以現今廁所位置是麒麟頭，為何將廁所建造在這個頭部位置，地方耆老也不知其因。據筆者目前觀察，麒麟頭地勢比廟體地勢高出一些，緊鄰海邊及海口（澳仔口），站在該處望向海面，其海景甚佳，在其旁處，造一座規模不小的涼亭，是觀海絕佳位置。

天南福安宮廟前，有一小海口，稱「澳仔口」。【圖 6-21】在海口低凹處有一條道路，不漲潮或下兩，路面沒有積海水，通行無阻，如果遇海水淹於路面，視深淺而行。在海口有一粒大石頭，從廟埕觀看似不大，但近看就是

〔註79〕受訪者：陳富濱（男，生態解說員），訪談者：黃永財，地點：屏東縣琉球鄉天南福安宮，日期：2020 年 5 月 14 日。

一粒大石頭。因為海口處其海水清澈，常有人們在此處玩水，並且有海龜常游於海口，所以可游於大石頭處，接觸到傳說中的「堵口珠」。

「堵口珠」，為何稱之。因為該粒大石頭正好位於海口處中間位置。據地方住民說，在他們有記憶中，這粒大石頭的面朝向，原本不是這樣的。而是在民國 66 年（1977）賽洛瑪颱風，從南臺灣登陸，這粒大石頭才被海水吹、沖翻面。因此，天臺角的住民則說，是高鳳天破堵口珠。

高鳳天破壞天南福安宮兩處寶穴，想要逃跑。後來祂的靈跑到小琉球「達欣餐廳」，是目前該餐廳女老主人的時代。據說高鳳天的靈幫助達欣餐廳生意興旺賺錢。高鳳天後來向餐廳女老主人表明其來源，並要求幫祂裝金身，稱「溫府元帥」，神像造形為青面，手持金槌。〔註 80〕

圖 6-21：小琉球天南福安宮前方的澳仔口

【黃永財拍攝：2020/5/14】

第四節　杉板路上杉福安宮及萬年宮

杉板路上杉福安宮及萬年宮，兩廟緊鄰，福安宮面向島上，萬年宮面向海。同一個管理單位，所以同於本節研究。

上杉福安宮，早期原廟址在今廟約 30 公尺處，後來遷建現址，並將面海坐向改為現今面山坐向。萬年宮與福安宮只有一樓梯相鄰，廟體建造高度比福安宮約低一樓層，是對福德正神尊敬之意。萬年宮，主神原是水漂流的神主牌，初期以供奉一顆石頭。後因顯赫，晉升元帥，再晉封千歲。

〔註 80〕相關於天南福安宮的「神靈傳說」，於民國 109 年（2020）5 月 14 日，筆者走訪調查，請陳富濱到天南福安宮講述，並現場解說相關神靈及寶穴傳說的地理位置。

一、上杉福安宮概況

上杉福安宮，位於琉球鄉杉福村復興路 29 號。登記證為屏寺（92）字第 446 號，主祀福德正神，祭典日為農曆 2 月 2 日。【圖 6-22】

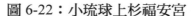

圖 6-22：小琉球上杉福安宮

【黃永財拍攝：2020/3/26】

（一）上杉福安宮沿革

杉板路境內，有上福村、杉福村兩個村，上杉福安宮福德正神廟為境內的角頭廟，是該角頭的居民所共祀。其沿革，據〈上杉福安宮碑誌〉記載：

> 本宮早稱「福德祠」，日據資料登錄為「福德宮」。始建於清光緒十七年（1891）由杉板路角善信釀資，供奉福德正神，並無其他神祇配祀。廟址原在東方水興壇址，面海而建。民國二十二年（1933）徙遷現址，並改稱「福安宮」調整坐西南向東北（坐坤向艮）。其地原為農田，由廟方以時價參拾元向地主田氏典得。民國四十九年（1960）一月（歲次庚子端月）以廟堂低仄，不宏觀瞻，詢謀眾議，決定擴建遂籌組委員會，於民國五十年三月（歲次辛丑桐月）興工，十月告竣。首倡其議，時任主任委員者乃杉福村長陳乳也。〔註81〕

據上述，上杉福安宮，前身是福德祠，於清光緒 17 年（1895）建廟。廟名稱號的改稱，日治資料登錄為「福德宮」。民國 22 年（1933）徙遷現址，並改稱「福安宮」。

上杉福安宮其碑誌，未記載主祀神福德正神原由，而據「臺灣省屏東縣琉球鄉宗教調查表」民國 48 年（1959），上杉福安宮，記載：

〔註81〕資料來源：筆者田野調查，地點：屏東縣琉球鄉上杉福安宮，日期：2020 年 3 月 26 日。

本福安宮係奉祀福德正神，其由來，與恆春鎮權山福德廟，福德正
神供奉在權山福德廟，為權山開基之福德正神同受眾民所崇拜。神
靈顯赫，求之無不立應，民樂牲康，聲名遠振，香客不絕。迨至光
緒 21 年，本島因遭歲凶久旱不雨，島民飢荒，生活無賴，均在陳之
苦，斯時有杉板路眾志集議，擬迎請權山福德正神做主，設壇齋戒
沐浴祈求上蒼，垂憐降雨濟救生全，果然語不虛傳，立蒙上蒼有旨
下降甘雨。〔註 82〕

據上述，上杉福安宮的主祀神福德正神，是從恆春鎮「權山」（高山巖）福德
宮分靈而來的，其建廟年代是清光緒 21 年（1895）。

上杉福安宮的建廟年代，另有文獻不同記載，據《臺灣總督府公文類纂
宗教史料彙編》記載：「小琉球島杉板路，土地廟，清光緒 5 年（1879）建。」
〔註 83〕又據《琉球鄉志》記載：「上杉福安宮，清光緒 21 年（1895）陽曆 11
月 18 日建廟，日治時期，日昭和 8 年（1933），遷建於琉球段 1092 地號內，
改稱『福安宮』」〔註 84〕。

相關上杉福安宮的建廟年代，在不同文獻，出現不同記載，綜合上述其
建廟年代依序為：清光緒 5 年（1879）、清光緒 17 年（1895）、清光緒 21 年
（1895）。

至於上杉福安宮的廟名改稱年代，出現不同記載。〈上杉福安宮碑誌〉與
《琉球鄉志》各記載為民國 22 年（1933）與日昭和 8 年（1933），改稱「福
安宮」。

然而據《琉球嶼尋根之路——移墾探究（第二期）清領與日治時期的移
墾成果報告》記載：「上杉福安宮，日昭和 8 年（1933）間遷建於琉球段 1092
地號內，並改稱『福德宮』。民國 50 年（1961）初於原地擴建，同年底竣工
落成，廟名改為『福安宮』。」〔註 85〕

〔註 82〕「臺灣省屏東縣琉球鄉宗教調查表」民國 48 年（1959）：臺灣省文獻委員會，
　　　　目錄號碼 11，上杉福安宮。

〔註 83〕溫國良編譯：《臺灣總督府公文類纂宗教史料彙編》（明治 28 年 10 月至明治
　　　　35 年 4 月）在明治 31 年（1898）11 月 16 日，陳報民政長官後藤新平的〈前
　　　　鳳山縣轄內社寺、廟宇、教務所等數量及布教狀況等調查書〉（南投市：臺灣
　　　　省文獻委員會，1999 年 6 月），頁 433。

〔註 84〕洪義詳主修、林澤田總編纂：《琉球鄉志》（屏東縣：屏東縣琉球鄉公所，2006
　　　　年 12 月），頁 288。

〔註 85〕私立樹德科技大學（提案單位）：《琉球嶼尋根之路——移墾探究（第二期）

又據黃慶祥的《古典小琉球》指出：「上杉福安宮，民國 50 年（1961），又在原地擴建，並將廟名改為『福安宮』，至今不變。但在土地登記上，有日據時代的『杉福村福安宮』等諸多舛記，所以至今猶爭議不已，尚未定讞。」〔註 86〕

因此，上述的文獻對於上杉福安宮的廟名改稱年代，有不同記載。然而民間信仰上，對於「土地公廟」，一般來說有的稱福德宮、福安宮。至於為什麼從福德宮要改福安宮，至目前廟方並未有明確的說法。

上杉福安宮的改建，民國 50 年（1961）初，原地擴建（兩側有廟室），同年底竣工落成，改廟名為「福安宮」。從議建到落成將近兩年，當時籌建委員會主任委員是時任杉福村長陳乳。據黃慶祥的《古典小琉球》指出：「陳乳的兒子陳駕表示，當時改建本廟及落成典禮，共花了二十萬，不包含左右兩廂的八萬。而當時的水泥師傅一天工資是四十元。」〔註 87〕據筆者推估，如果以現今水泥工一天是 3,000 元算（離島），就是 75 倍，而當時廟體落成典禮，共花了 20 萬，依現今換算，約 1,500 萬元。

（二）丁丑科迎王祭典請旨重建

上杉福安宮，民國 50 年（1961）原地擴建，歷經 30 多年，由於廟體老舊，遇雨即有漏水的現象，信徒久已有改建之議。甲戌科（民國 83 年〔1994〕）迎王平安祭典請王儀式中，本廟大輦的頭扦，曾三次上請王臺報大千歲銜頭（姓氏）〔註 88〕，但未能成功。所以，在迎王之後「關輦仔」，請示福德正神有關上杉福安宮改建之議題，但神明並未有任何明確指示，改建案即暫時擱置。

上杉福安宮的廟體改建，廟方的原意，是想藉著三年一科迎王平安祭典，請王時，登上請王臺，能一舉請出該科大千歲。藉著這個機會，順勢將廟體重建，同時，信徒的寄付相對會多，利於整個改建工程進展。

過了三年，丁丑科（民國 86 年〔1997〕）迎王平安祭典，上杉福安宮在請王時，大輦的頭扦一馬當先上臺，一舉請到「余」姓大千歲，同時報銜頭時

清領與日治時期的移墾成果報告》（屏東縣：屏東縣琉球鄉公所〔招標單位〕，2009 年 12 月），頁 47。

〔註 86〕黃慶祥：《古典小琉球》（屏東縣：黃慶祥發行，2008 年 10 月，初版），頁 110。
〔註 87〕黃慶祥：《古典小琉球》（屏東縣：黃慶祥發行，2008 年 10 月，初版），頁 111。
〔註 88〕甲戌科（民國 83 年〔1994〕），趙大千歲，大總理是洪新發明。本科首設大總理密函，增建王船閣。

向玉皇上帝請旨重建。在該科余大千歲遶境上杉福安宮時，向大千歲報告，經指示獲准本宮請旨重建。於是在民國87年（1998）拆除老舊廟體，民國88年（1999）動工，歇山式兩層重簷建築，民國93年（2004）10月新建完成。

　　上杉福安宮的廟體及廟埕（廣場），是目前四角頭規模及使用面積最大的福德正神廟。前殿兩側楹聯：「福地坐擁崇山碧水張俎豆；安民裸抱遠埠近村薦馨香。」前殿中門楹聯：「福真侈大村野街衢皆有位；安無偏私農漁士賈共衛思。」據該宮廟祝李石發說：改建前，廟體處於低窪，改建後，將廟體抬高，廟體後方，增建民宿，三年一科迎王平安祭典時，該宮的工作人員有個舒適的住宿環境。〔註89〕

（三）正殿同祀、配祀神的由來

　　上杉福安宮的正殿兩側神龕，同祀有池府千歲（龍邊）、配祀水興將軍（虎邊）。【圖6-23】

圖6-23：小琉球上杉福安宮水興將軍、池府千歲

【黃永財拍攝：2020/3/26】

池府千歲由來，據〈上杉福安宮碑誌〉記載：

　　本宮池府千歲，早係杉福村許氏先祖自大陸渡臺，以前途險巇莫測，為避窮山惡水，祈神默助，迎請前來供奉。其時凡奉池王、媽祖、姑娘三尊。嗣後枝脈分出許氏，先人分得池王奉敬。以神威赫灼，盛名遠馳，上杉一角，爭相膜拜。凡鬼魅魍魎，聞聲披靡，庄民禱之立驗，顯應如電。且傳池王每次巡狩返駕，許府屋脊上空，必騰

〔註89〕受訪者：李石發（男，上杉福安宮廟祝），訪談者：黃永財，地點：屏東縣琉球鄉上杉福安宮，日期：2020年3月26日。

> 紅光，須臾金盔皂甲，神匝遶四週而隱。凡有苦難者，但迎神像禱
> 求，無不立應，靈驗至不可思議。上杉耆老聞之，恭靖彌佐土地公
> 應世救民，凡社日演戲，必鼓樂迎之，廟會之後奉送許府安座，相
> 沿成例。〔註90〕

上杉福安宮正殿左側神龕的池府千歲，早係杉福村許氏先祖自大陸渡臺。傳說十分靈驗，據李石發說：一位鄉民遭受鳳陽婆下符咒，幸由許家的池府千歲處理，鄉內村民有感池王神威，欲請至三隆宮奉祀，但被許家婉謝。

上杉福安宮，有感池府千歲靈驗，在農曆2月2日，福德正神聖誕時，必請許家池府千歲前來福安宮看戲，直至碧雲寺觀音佛祖聖誕演大戲，輪至上杉福安宮演戲結束，再奉請回許家。

起初，上杉福安宮只奉一座池府千歲香爐，後來新廟建成，眾庄民感於池王恩崇，於是雕塑池府千歲神像，供奉宮內正殿龍邊神龕，方便信徒參拜。而許家目前已遷居屏東縣鹽埔，池府千歲（許家神像）也隨同離開小琉球，同時，許家已展開建廟，奉祀池府千歲。〔註91〕

水興將軍，恭奉在上杉福安宮的正殿右側神龕（虎邊）。本宮水興將軍由來，據〈上杉福安宮碑誌〉記載：

> 水興將軍何方人氏，不得其詳，神亦未告。先以76年，土地公廟後
> 修築護堤，怪手挖掘地基，至東北側立祠之地，徑粗十餘公分鐵鑽，
> 無端連續截斷，工頭陳氏與預事者，皆訝然驚悚。經觀輦禱求碧雲
> 寺觀音佛祖，指係一營陰兵久踞，不可輕忽，方免為祟。徙至東北
> 角坡下豎一方黑旗為祀，未奉金身。嗣經代天巡狩大千歲冊封「水
> 興壇小仙生」，並為立祠，勒其護境安民，不得違誤。〔註92〕

水興將軍，其來歷不詳，並未有神示。由於上杉福安宮修築廟體後方護堤，挖掘地基有異象，經請示碧雲寺觀音佛祖，係一營陰兵久踞，故以一方黑旗為祀，但未塑以金身。後經迎王平安祭典，代天巡狩大千歲冊封「水興壇小仙生」，並為立祠。

〔註90〕資料來源：筆者田野調查，地點：屏東縣琉球鄉上杉福安宮，日期：2020年3月26日。

〔註91〕受訪者：李石發（男，上杉福安宮廟祝），訪談者：黃永財，地點：屏東縣琉球鄉上杉福安宮，日期：2020年3月26日。

〔註92〕資料來源：筆者田野調查，地點：屏東縣琉球鄉上杉福安宮，日期：2020年3月26日。

　　彼時，琉球鄉海灘時傳水厄，不堪其憂，塑科水先生扶鸞叩求代天巡狩大千歲，自言，兵寡職卑，不足抵禦邪靈，護衛海疆，祈能益封授兵。經王狩查覈實情，晉封「水興將軍」，並予增兵益將，允於重建福安宮後配祀，從此，不再聞有水厄，水興將軍亦託夢給執事，告知其面相為青面，以利雕塑神像。〔註93〕原水興將軍祠，據上杉福安宮廟祝李石發說：因道路開闢，其祠遭拆除，所以移請到上杉福安宮的正殿右側神龕奉祀。

　　另外，同在杉福村復興路出現同名「水興」的小祠，位於杉福村杉板路聚落內，復興路段田埂間有一座水興祠，據吳明訓的〈小琉球漁民祭祀「水流公」信仰初探〉調查：

> 「水興祠」，建於1990年，祭祀對象為水魂（陳將軍），原為與鄉民
> 林萬福同船捕魚的澎湖人陳某（擔任輪機長之職），遇海難，落水殉
> 職，雖經澎湖親人招魂回故鄉祭祀，但一縷遊魂仍附身林姓鄉民，
> 且經常於漁船出海時顯靈協助海上作業，乃由林姓家族為之建祠供
> 奉。初無廟名，而於癸未科迎王（2003）時，經科巡大千歲冊封為
> 「陳將軍」，賜名「水興祠」，並准刻金身。〔註94〕

這位「陳將軍」，原為與鄉民林萬福同船捕魚的澎湖人，遇海難，落水殉職。雖經澎湖親人招魂回澎湖祭祀，但其魂附身林姓鄉民，協助出海捕魚作業，所以林姓家族建祠奉祀。

二、萬年宮概況

　　萬年宮，位於琉球鄉杉福村復興路29之2號。主祀萬將千歲。與上杉福安宮相鄰（一樓梯相隔），廟體面向海，三川門。【圖6-24】

（一）萬年宮沿革

萬年宮，萬將千歲，其前身是萬將元帥，據〈萬將元帥廟誌〉記載：

> 元帥不知何許人，生居何時、何處，神亦未明示。有夢見者，形貌
> 修長昳麗，著長統靴、配長劍、神威凜然。某年近域林投樹下，長
> 浪飄來一小只鑲金邊神主。村中長老許奪、陳乳、李秋風、鄭標等

〔註93〕摘錄自〈上杉福安宮碑誌〉，資料來源：筆者田野調查，地點：屏東縣琉球鄉
　　　　上杉福安宮，日期：2020年3月26日。
〔註94〕吳明訓：〈小琉球漁民祭祀「水流公」信仰初探〉《臺灣文獻季刊》，67卷第3
　　　　期，2016年9月，頁133、134。

人，以神靈不可褻瀆，力主築小廟立石為址與神主共祀，俾明神有
所依附，乃能得祐，此萬將元帥早期立廟之初衷也。〔註95〕
萬將元帥，其身分無可考，是水漂流神主牌，經撿拾後立祀，初期以供奉一
顆石頭。由於顯赫，眾議原地砌方丈小廟，並塑數寸金身以酬神恩。又因神
蹟立現，獻供則多，財力無虞，乃於民國 77 年（1988）戊辰科，獲吳大千歲
晉封「萬將元帥」，並賜廟祀，歇山式燕尾重簷，民國 80 年（1991）辛未科
晉廟安典。

圖 6-24：小琉球上杉萬年宮

【黃永財拍攝：2020/3/26】

萬年宮，由於香火鼎盛，為方便信徒參拜，於是擴建兩側廂房，據〈萬
年宮廂房新建工程碑誌〉，其內容為：

本宮主神於乙未年，代天巡狩鄭大千歲，敕封為「萬將千歲」，神威
顯赫，普天同慶，庇佑萬民，香火鼎盛，為使絡繹不絕之信眾，參
香膜拜便利，特擴廂房及廟埕。為感謝信眾之善心功德，特將捐獻
信眾芳名鏤刻於碑誌，緬懷感念。〔註96〕

萬年宮的萬將千歲，是乙未年（104 年［2015］10 月 1 日），經由「趙」大千
歲敕封升格的。其上述引文中，「鄭」大千歲是為誤植。如果是受鄭大千歲敕
封，那就應為壬辰年（101 年［2012］9 月 20 日）。
綜之，萬年宮，是日治時期建立，在當時僅供奉一顆石頭，之後，才雕

〔註95〕資料來源：筆者田野調查，地點：屏東縣琉球鄉上杉福安宮，日期：2020 年
3 月 26 日。
〔註96〕資料來源：筆者田野調查，地點：屏東縣琉球鄉上杉福安宮，日期：2020 年
3 月 26 日。

塑金身，民國 77 年（1988）戊辰科，經科巡吳大千歲冊封萬將元帥。到民國
104 年（2015）乙未科，再次受封，經科巡趙大千歲敕封為萬將千歲，也就是
從元帥晉升千歲爺神格。

　　現今廟體，是民國 95 年（2006）改建，前殿中門楹聯：「萬福普賜鄉里
眾弟子；將相輩出名揚琉球嶼。」而兩側廂房新建，依〈萬年宮廂房新建工程
碑誌〉記載，是歲次戊戌年 107 年（2018）立的，所以距今只不過近兩年之
久而已。

（二）廟務經營管理

　　上杉福安宮與萬年宮，搭配祭祀，同屬一個管理委員會，現任主任委員
是洪義詳，總幹事李阿對。福安宮，民國 87 年（1998）拆除老舊廟體，民國
88 年（1999）動工，歇山式兩層重簷建築，其經費由萬年宮挹注。

　　上杉福安宮在民國 87 年（1998）拆除老舊廟體要重建時，經費尚嫌不
足，藉著迎王平安祭典請王機會，一舉準確報出該科年大千歲銜頭，打響福
德正神靈驗，能夠順利趁勢重建。另外，萬年宮的萬將元帥（尚未敕封千
歲）靈驗遠播，信徒捐贈香油錢，輸往福安宮重建工程費用，如願建造目前
琉球鄉四角頭，廟體及使用面積最大的福德正神廟，同時經營民宿，如果民
宿收入歸廟方，又可以增加兩座宮廟的財源收入。

　　上杉福安宮與萬年宮的年度收、支（表 6-1），可以看出，萬年宮萬將千
歲聖誕，比福德正神聖誕的收入，多出近 5 倍，而結餘達 6 倍。另外，109 年
（2020）元宵節，萬年宮的收入也多出福安宮 1 倍。由此可證，當年上杉福
安宮在重建時，萬年宮挹注不少工程費用。難怪，庄頭住民大都說，萬年宮
萬將千歲很興（靈驗）。如〈萬將元帥廟誌〉所寫：「廟不在高，有神則靈」。
換句話說，廟會興（靈驗）最重要。

　　上杉福安宮管理委員會，為拓展廟務，辦理求取發財金：

> 本宮奉祀主神——福德正神，手持金元寶，與琉球地區各廟宇福德
> 正神手持如意不同，係屬財神爺土地公。除保佑社稷鄉里信眾平安
> 之外，亦能庇佑社稷鄉里信眾之財運，讓信眾財源廣進。〔註97〕

上杉福安宮，強調該宮的福德正神，手持金元寶，與其他福德正神手持如意

不同，屬財神爺土地公。這是管理委員會對於廟務推展，另類行銷，發財金求取方式：點三炷香向福德正神焚香報告（姓名、地址、祈求財富心願），擲筊連續三杯聖筊，可求發財金600元一個。

表 6-1：上杉福安宮與萬年宮年度收支表

名　　　稱	收　入	支　出	結　餘
108 年（2019）萬將千歲聖誕	592,400 元	129,210 元	463,190 元
108 年（2019）中元普渡（農曆 7 月 14 日）	33,000 元	31,949 元	1,051 元
109 年（2020）元宵節	124,540 元 福安宮：42,500 元 萬年宮：82,040 元	59,260 元	65,280 元
109 年（2020）福德正神聖誕演戲（農曆 2 月 2、4 日）	195,600 元	119,700 元	75,900 元
109 年（2020）農曆 2 月 23、24 演戲	466,300 元	150,290 元	316,010 元

資料來源：1. 上杉福安宮與萬年宮管理委員會公告。　2. 筆者整理。

三、萬將千歲信仰

萬將千歲，其身分無可考，是水漂流神主牌，由於顯赫被立廟奉祀，近村遠埠聞名而來，禱佑者益眾，至廟中迎請小旗至船中供奉。

民國 109 年（2020）6 月中旬後，杉板澳連續發生溺水事件，萬將千歲降駕指示，要來慎重處理這些溺水的意外事件，由於境內壯丁外出工作，所以廣播並貼文公布，須要島內外壯丁到廟幫忙。

（一）發生潛水意外──向萬將千歲祈求

筆者於民國 109 年（2020）6 月 21 日，前往上杉福安宮做田野調查，由廟祝得知臺灣籍巫姓遊客和韓國籍的友人，民國 109 年（2020）6 月 14 日到小琉球遊玩，租機車至杉福漁港潛水，不幸發生意外。

小琉球海巡人員調查發現，臺灣籍巫姓男子及韓國籍男性遊客，兩人一同前往附近海域潛水，發生溺水意外。經打撈上岸是位韓籍男性遊客，而另一臺籍巫姓遊客仍下落不明。

經相關單位緊急連絡巫姓遊客家屬。巫姓家屬立即前往小琉球，瞭解狀況。6 月 16 日，巫姓家屬共 8 人來到小琉球，入住上杉福安宮（萬年宮）民宿。〔註98〕

巫姓家屬入住上杉福安宮民宿，等待消息期間，請碧雲寺觀音佛祖（神像）到杉福海岸「協尋」，同時向上杉福安宮福德正神及萬年宮萬將千歲祈求平安。據廟方說，由於屏東縣屏安醫院副院長楊正欣登山失聯 10 多天，最後奇蹟生還的消息，巫姓家屬也期盼奇蹟降臨，若尋獲生還者或尋獲大體則願意包紅包表達感謝。因此巫姓家屬，每日都向福德正神及萬將千歲參拜，無論如何一定要找到人。

萬年宮宮廟方表示，巫姓家屬從 6 月 16 日入住福安宮民宿，共住了 6 天 5 夜，直到不幸消息傳來，在臺東縣綠島朝日溫泉海岸被發現遺體。立即前往臺東要認巫姓遊客。經家屬指認，確認就是日前在小琉球失蹤的巫姓遊客。

廟祝說，巫姓家屬特別向萬年宮萬將千歲祈求，雖然未能免於死劫，但能找到遺體，是觀音佛祖及福德正神與萬將千歲有保庇。

萬年宮萬將千歲原是長浪飄來一小只鑲金邊神主牌，初期以供奉一顆石頭。由於顯赫，眾議原地砌方丈小廟，並塑數寸金身以酬神恩。現今廟體擴建面朝向海，是該地方漁民出捕魚的守護神，同時也是杉板路角頭無主鬼魂的管理老大。據廟方說，巫姓遊客從溺水後，經約 7 日的漂流，能夠在臺灣海域尋獲遺體，或許是萬年宮萬將千歲的靈驗保庇，才免於繼續漂流。

巫姓家屬來到小琉球，島上民宿林立，卻選擇上杉福安宮民宿，懂得向萬年宮萬將千歲祈求，應該有人指點，否則一般遊客少有人會住在廟裡客房。

（二）溺水再起，萬將千歲降駕指示

民國 109 年（2020）6 月 14 日，琉球鄉杉福漁港才發生一名韓籍遊客溺水當地海域；另一名臺籍遊客溺水後漂流到臺東綠島被發現。沒過幾天，端午連假一名女遊客在杉福漁港附近浮潛時溺水。

海巡署表示，第五岸巡隊杉福安檢所 6 月 25 日晚上近 7 時，接獲一男民

〔註98〕受訪者：李石發（男，上杉福安宮廟祝），訪談者：黃永財，地點：屏東縣琉球鄉上杉福安宮，日期：2020 年 6 月 21 日。

眾報案，女友獨自戴浮潛面鏡前往浮潛，消失不見蹤影。海巡人員接獲報案後，立即前往搜尋，在杉福漁港左側沙灘發現失蹤女子時，已沒有呼吸心跳，送醫搶救不治（送往東港安泰醫院搶救）。據當地潛水教練表示，杉福漁港因天候的變化會有沿岸流，不諳當地水性者，從事浮潛、潛水等海域活動，易被水流捲到海底深處，所以要找專業教練陪同比較安全。

由於杉板澳近期兩起溺水，上杉萬年宮萬將千歲廣播：

> 杉板澳南邊，近期發生兩起遊客溺水事件，造成人丁損失，萬將千歲前往馬鳴山鎮安宮五年千歲會香回宮後，降駕指示，吉擇明天農曆五月九日上午 7：00，頒請碧雲寺觀音佛祖、三隆宮三府千歲，以及咱廟的萬將千歲、池府千歲，扛起三頂四駕，要來慎重處理這些溺水的意外事件。〔註99〕

上杉萬年宮萬將千歲，是該角頭陰廟（祠）的管理老大，因此在該境域連續發生溺水事件，要來慎重處理。上杉萬年宮廣播，因為要三頂四駕，須要許多壯丁幫忙扛四駕，請上福村及杉福村在家的壯丁，到廟來幫忙，如其他角頭願意幫忙扛四駕，非常歡迎。

上杉福安宮及萬年宮相鄰是杉福漁港，杉福漁港是小琉球的三座漁港之一。杉福生態廊道位在杉福漁港旁，近年來遊客暴增，為了維護潮間帶的生態資源，每次都有人數總量的管控。主要杉福漁港擁有許多特殊的海蝕地景，據「大鵬灣國家風景區管理處」公告：杉福漁港鄰近海岸擁有許多特殊的海蝕地景，如海蝕柱、海蝕凹壁與蝕壺穴，往漁港南側的潮間帶走去，可見到幾座海蝕柱，外型類似香菇，是受到海水長期侵蝕拍打下方凹陷處而形成的。〔註100〕

大鵬灣國家風景區管理處公告，遊客須注意：步道內禁捕動物、攀折花木及破壞地質景觀，勿越界進入未開發地區。區內海域無救生人員處，遊客禁止下水游泳。杉福漁港附近的肚仔坪自然人文生態景區，須由導覽員陪同才可進入，是一處管制區。【圖6-25】

〔註99〕資料來源：屏東縣琉球鄉上杉福安宮。日期：2020 年 6 月 28 日。
〔註100〕摘錄自：「大鵬灣國家風景區管理處」公告。

圖 6-25：小琉球肚仔坪管制公告

【黃永財拍攝：2019/12/20】

第五節　三角頭福德正神與高山巖福德宮分靈關係

三角頭福德正神的福安宮，是大寮大福福安宮；天臺天南福安宮；杉板路上杉福安宮。

三角頭福安宮的主神福德正神原由，廟方皆未記載。相關三角頭福安宮的創建沿革，文獻記載缺乏，因此筆者前往南投縣臺灣省文獻委員會，調閱「臺灣省屏東縣琉球鄉宗教調查表」，民國 48 年（1959）的手稿。經查閱，調查表記載著三角頭福安宮的主神福德正神原由，皆從屏東縣恆春鎮「權山」（高山巖）福德宮，請福德正神回小琉球奉祀並建廟。

然而，經筆者查閱，發現「臺灣省屏東縣琉球鄉宗教調查表」對三角頭福安宮的創建沿革記載，其內容似乎使用同一格式填載，發生張冠李戴的烏龍現象。故，本節研究範圍，先介紹屏東縣恆春鎮高山巖福德宮概況，再瞭解「臺灣省屏東縣琉球鄉宗教調查表」中，三角頭福安宮的沿革誤載問題。

「臺灣省屏東縣琉球鄉宗教調查表」對三角頭福安宮的福德正神的由來，其記載係來自恆春鎮「權山」福德廟，這「權山」的「權」應是誤用。因此，在本書有的地方，則以「權山」（高山巖）或高山巖（權山）書寫。

一、高山巖福德宮概況

高山巖福德宮，位於屏東縣恆春鎮山海里檳榔路 9 之 11 號。廟方自稱為臺灣本土最早土地公，至今分靈福德正神金尊已超過一萬多尊。廟中正殿祀

神：主祀神福德正神、配偶神福德娘娘、配祀神案君元帥。慶典以農曆 8 月 15 日為主，農曆 2 月 2 日亦有舉行儀式。【圖 6-26】

圖 6-26：屏東恆春高山巖福德宮

【黃永財拍攝：2020/5/27】

（一）高山巖福德宮沿革

高山巖福德宮，地形是屬於隆起的珊瑚礁岩。福德正神受人祀奉，據廟方記載已有數百年的歷史，主祀神福德正神，降神諭：

> 本神已在珊瑚礁岩處達三千多年。明崇禎 12 年（1639），開始受人祀奉，至今已近 400 年的歷史，是臺灣本土最早的土地公。座落於咕咾石山當中，又有龍虎守護。〔註101〕

高山巖福德宮，天然珊瑚礁岩洞，洞穴有神奇神像狀的鐘乳石。據廟方記載：距地下約 20 米處，鐘乳石長期受滴水侵蝕自然形成福德正神的神像樣貌，高約 70 公分，頭戴宰相帽，右手持元寶，左手持柺杖，粗黑眉毛。〔註102〕開基及鎮殿的神像樣貌據此雕刻而成。開基福德正神神像為清乾隆 59 年（1794）雕塑。〔註103〕

高山巖福德宮清代的建立與改建（重建），據《屏東縣恆春鎮高山巖福德宮》記載：清乾隆 59 年（1794）8 月，將巖洞以木材建造前牆廟門，正式

〔註101〕屏東縣恆春鎮高山巖管理委員會：《屏東縣恆春鎮高山巖福德宮》，2020 年印，首頁。

〔註102〕相關鐘乳石福德正神的神像，是在高山巖福德宮底下洞穴中，目前只有身體，沒有頭部。受訪者：尤勝郎（男，高山巖福德宮廟務員），訪談者：黃永財，地點：屏東縣恆春鎮高山巖福德宮，日期：2020 年 5 月 27 日。

〔註103〕屏東縣恆春鎮高山巖管理委員會：《屏東縣恆春鎮高山巖福德宮》，2020 年印，首頁。

建立福德祠。清咸豐 10 年（1860）因木材腐壞重新修建。清同治 13 年（1874），因牡丹社事件，據傳，沈葆楨奉清廷來臺巡視，見福德正神奉於巖洞，題名「福德爺廟」。清光緒 17 年（1891），恆春區長尤炳文因連續生育女兒九人，未獲男兒，向福德正神祈求賜男兒，果真靈驗連續生兩男。〔註 104〕清光緒 20 年（1894），尤炳文發起捐資修建。〔註 105〕修建後，由魏有仔（有仔姑婆，終生未嫁）〔註 106〕與張尤換掌管廟務。〔註 107〕

高山巖福德宮日治、光復後的改建（重建），日大正 14 年（1925），再捐資整修。民國 36 年（1947），尤炳文捐獻土地。民國 60 年（1971），由地方仕紳及各方信徒捐資重建，建宮宇、神殿、鐘鼓樓，民國 61 年（1972）廟體等設施落成，正式成立「高山巖福德宮管理委員會」。

圖 6-27：屏東恆春高山巖洞內的神龕

【黃永財拍攝：2020/5/27】

高山巖福德宮，前殿為三川門，中門楹聯：「高處建神宮，三嶺雲霞臻福地；山中施法雨，七星礁石現蓮花。」岩石下方為正殿神龕，神龕主位為鎮殿神福德正神。鎮殿神正前方恭奉三尊神明，中為開基福德正神，龍邊是案軍元帥，虎邊則祀配偶神福德娘娘。【圖 6-27】神龕前柱楹聯：「廟貌重新合境

〔註104〕屏東縣恆春鎮高山巖管理委員會：《屏東縣恆春鎮高山巖福德宮》，2020 年印，頁 7。

〔註105〕「臺灣省屏東縣恆春鎮宗教調查表」民國 48 年（1959）：臺灣省文獻委員會，目錄號碼 8，高山巖。

〔註106〕魏有，女性，屏東籍，教育程度（識字），當時是承廟方主事者託管廟務，年齡：據「臺灣省屏東縣恆春鎮宗教調查表」民國 48 年（1959）記載，按推算當時年齡約 57 歲。

〔註107〕屏東縣恆春鎮高山巖管理委員會：《屏東縣恆春鎮高山巖福德宮》，2020 年印，頁 7。

蒙麻千載福；神功永著萬山拱秀四時春。」

正殿虎邊，祀多尊同樣式福德正神（分大小尺寸），其狀是坐椅子，右手持如意，左手拿元寶。原開基神像並未有持如意、拿元寶。〔註108〕正殿虎邊前方置一大座聚寶盆。供桌有一大如意。正殿左側為龍山古寺，寺內供奉地藏王菩薩及三尊三寶佛。龍山古寺旁側設太歲殿。

（二）調查表的高山巖福德宮概況

高山巖福德宮，據「臺灣省屏東縣恆春鎮宗教調查表」民國48年（1959）調查記載，高山巖在恆春鎮山海里檳榔路17號之1號，位置：山頂。沿革：

> 民前五十年，先賢在岩石洞穴以石頭視為土地公，受住民崇拜，因有求必應，香煙日盛。至民前二十年前，當時區長尤炳文連續生育女兒九人，未獲男兒。因渠愛子心切，前往祈求神靈賜予麟兒。果然其翌年生育男兒，喜出望外，亦甚感其靈顯，為此，於民前十八年三月，由區長尤炳文發起建築現在廟宇，亦飾裝土地公金身供奉，香煙盡盛。〔註109〕

據調查表記載，高山巖福德宮，民國前50年（1862），是清同治元年，先民剛開始在石洞穴，以石頭當土地公神像祭拜。到了民前18年（1894），清光緒20年3月，由信徒尤炳文發起建廟並雕土地公金身供奉。

相關屏東縣高山巖福德宮的誌書記載，有花松村的《臺灣鄉土全誌》：「高山巖，位於山海里檳榔路，供奉福德正神，清光緒20年（1894）創建。」〔註110〕

早期高山巖福德宮的建築及使用面積，據「臺灣省屏東縣恆春鎮宗教調查表」民國48年（1959）調查記載：「建築：境域面積：138坪。基地面積：22坪6合9勺。建築式樣：厵茸瓦。附屬建築：廟祝住屋。廟體正廳：9坪6合8勺。寢室：3坪9合3勺。客廳：4坪9合3勺。廚房：4坪1合5勺。」〔註111〕

〔註108〕受訪者：尤勝郎（男，高山巖福德宮廟務員），訪談者：黃永財，地點：屏東縣恆春鎮高山巖福德宮，日期：2020年5月27日。

〔註109〕「臺灣省屏東縣恆春鎮宗教調查表」民國48年（1959）：臺灣省文獻委員會，目錄號碼8，高山巖。

〔註110〕花松村主編：《臺灣鄉土全誌》（臺北市：中一出版社，1996年5月，初版），頁67。

〔註111〕「臺灣省屏東縣恆春鎮宗教調查表」民國48年（1959）：臺灣省文獻委員

早期高山巖福德宮的神明金身尺寸及雕塑年代，據調查表記載：

祀神：主神福德正神，尺寸 35 公分，木雕，民國前 50 年（1862）
建立，坐像。配偶神土地婆，尺寸 35 公分，木雕，民國前 50 年
（1862）建立，坐像。同祀神觀音菩薩，尺寸 48 公分，陶器，民國
5 年（1916）建立，立像。配祀神案軍元帥，60 公分，木雕，民國
前 50 年（1862）建立，坐像。〔註 112〕

高山巖福德宮，主神福德正神與配偶神土地婆的金身尺寸同為 35 公分，木
雕材料。不過，上述引文中，記載福德正神與配偶神土地婆的金身係民國前
50 年（1862），清同治元年建立，似乎與民前 18 年（1894），清光緒 20 年，
由信徒尤炳文發起建廟並飾裝土地公金身的年代不符。因為民前 50 年
（1862），尚以岩石洞穴的石頭視為土地公。因此，「臺灣省屏東縣恆春鎮宗
教調查表」的記載，前後不一。

另外配祀神「案軍元帥」，民國前 50 年（1862），清同治元年建立，尺寸
60 公分（坐像）。如果同為民前 50 年（1862）雕的神像，為何主神比同祀神
的尺寸小了近一半之多，令人不解。

高山巖福德宮，早期的信徒約 2,000 人，分布範圍：龍水、山海、水泉、
大光等住民為主，教育程度為國小或無學者為多，職業以農業居多，漁業次
之。每年收支約需 1,500 元。民國 48 年（1959）登錄廟方代表者：尤恆祥（男，
34 歲），住址：屏東縣山海里檳榔路 9 號。信徒推舉，任期無限。慶典：每年
農曆 8 月 15 日為千秋日，由地方信徒自備牲禮敬拜。〔註 113〕

二、調查表的三角頭福德正神沿革

臺灣省文獻委員會，「臺灣省屏東縣琉球鄉宗教調查表」民國 48 年
（1959）4 月 20 日，調查小琉球四角頭福安宮概況，除了白沙尾福泉宮以
外，記載其他三角頭福安宮的沿革，內容似乎使用同格式填載，而記載當
中，出現誤記。【圖 6-28】因此，將三角頭福安宮的沿革分別整理如下：

會，目錄號碼 8，高山巖。
〔註 112〕「臺灣省屏東縣恆春鎮宗教調查表」民國 48 年（1959）：臺灣省文獻委員
會，目錄號碼 8，高山巖。
〔註 113〕「臺灣省屏東縣恆春鎮宗教調查表」民國 48 年（1959）：臺灣省文獻委員
會，目錄號碼 8，高山巖。

圖 6-28：臺灣省屏東縣琉球鄉宗教調查表（民國 48 年）

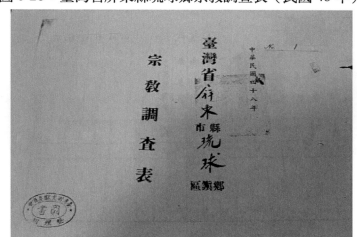

【黃永財拍攝：2020/4/6】

（一）同格式的記載沿革

1. 大福福安宮沿革

據「臺灣省屏東縣琉球鄉宗教調查表」民國 48 年（1959），大福福安宮，記載：

> 本福安宮係奉祀福德正神，其由來與恆春鎮權山福德正神共奉在權山福德廟裡，為權山開基之福德正神同受眾民所崇拜，神靈顯赫求之無不立應，民樂牲康，聲名遠振，香客不絕。同治 4 年本島因遭歲凶久旱不雨，島民飢荒生活無賴，均在陳之苦，斯時有大寮眾志集議，擬迎請權山福德正神做主，設壇齋戒沐浴祈求上蒼垂憐降雨濟救生全。果然語不虛傳，立蒙上蒼有旨下降甘雨。於是民登大有眾廣康安，島民頗獲神惠欣然感謝不已，自此福德正神感及大寮眾民之虔誠，是以眾民詢謀集議捐資籌建廟宇，至民國 39 年，因廟宇年久失修，破壞不堪，重新建築現有福安宮之廟宇崇拜。〔註 114〕

上述，大寮角（大福村）住民因久旱不雨，於清同治 4 年（1865），前往屏東縣恆春鎮高山巖（權山）福德宮，迎請福德正神回小琉球祈雨，上蒼降雨濟救，眾民詢謀集議捐資籌建廟宇。

〔註 114〕「臺灣省屏東縣琉球鄉宗教調查表」民國 48 年（1959）：臺灣省文獻委員會，目錄號碼 9，大福福安宮。

2. 天南福安宮沿革

據「臺灣省屏東縣琉球鄉宗教調查表」民國 48 年（1959），天南福安宮，記載：

> 本福安宮係奉祀福德正神，其由來，與恆春鎮權山福德廟，福德正神共奉在權山福德廟裡，為權山開基之福德正神同受眾民所崇拜。神靈顯赫，求之無不立應，民樂牲康，聲名遠振，香客不絕。迨至民國三年，本島因遭歲凶久旱不雨，島民飢荒，生活無賴，均在陳之苦，斯時有天臺眾志集議，擬迎請權山福德正神做主，設壇齋戒沐浴祈求上蒼垂憐降雨濟救生全，果然語不虛傳，立蒙上蒼有旨下降甘雨濟救。於是民登大有眾廣康安，島民頗獲神惠欣然感謝不已，自此福德正神感於天臺眾民之虔誠，是以眾民詢謀集議捐資籌建廟宇，至民國 40 年因廟宇年久失修破壞不堪，重新建築現有福安宮之廟宇崇拜。〔註115〕

上述，天臺角（天福村、南福村）住民因久旱不雨，於民國 3 年（1914），日大正 3 年前往屏東縣恆春鎮高山巖（權山）福德宮，迎請福德正神回小琉球祈雨，因靈驗眾民奉祀並建廟。

3. 上杉福安宮沿革

據「臺灣省屏東縣琉球鄉宗教調查表」民國 48 年（1959），上杉福安宮，記載：

> 本福安宮係奉祀福德正神，其由來，與恆春鎮權山福德廟，福德正神供奉在權山福德廟，為權山開基之福德正神同受眾民所崇拜。神靈顯赫，求之無不立應，民樂牲康，聲名遠振，香客不絕。迨至光緒 21 年，本島因遭歲凶久旱不雨，島民飢荒，生活無賴，均在陳之苦，斯時有杉板路眾志集議，擬迎請權山福德正神做主，設壇齋戒沐浴祈求上蒼，垂憐降雨濟救生全，果然語不虛傳，立蒙上蒼有旨下降甘雨。於是民登大有眾廣康安，島民頗獲神惠欣然感謝不已，自此福德正神感杉板路眾民之虔誠，是以眾民詢謀集議捐資籌建廟宇，至民國 23 年因廟宇年久失修破壞不堪，重新建築現有福安宮之廟宇崇拜。〔註116〕

〔註115〕「臺灣省屏東縣琉球鄉宗教調查表」民國 48 年（1959）：臺灣省文獻委員會，目錄號碼7，天南福安宮。
〔註116〕「臺灣省屏東縣琉球鄉宗教調查表」民國 48 年（1959）：臺灣省文獻委員

上述，杉板路角（上福村、杉福村）住民因久旱不雨，於清光緒21年（1895），前往屏東縣恆春鎮高山巖（權山）福德宮，迎請福德正神回小琉球祈雨，立蒙下降甘雨，眾民集議捐資籌建廟宇。

綜合上述，發現一個現象，臺灣省文獻委員會，「臺灣省屏東縣琉球鄉宗教調查表」民國48年（1959），記載「大福福安宮沿革」、「天南福安宮沿革」、「上杉福安宮沿革」，三角頭福德正神的原由與建廟年代，內容似乎使用同一格式填寫，差異處不大。

調查表的記載似乎使用同一格式，推測，可能小琉球三角頭住民前往高山巖福德宮的緣由皆相同，因此調查人員，有可能為求方便，才用此方式記載。

（二）調查表的誤記

臺灣省文獻委員會，「臺灣省屏東縣琉球鄉宗教調查表」民國48年（1959），記載小琉球三角頭福安宮（大福、天南、上杉）的沿革，出現誤記。據調查表記載：「本福安宮係奉祀福德正神，其由來，與恆春鎮『權山』福德廟，福德正神供奉在『權山』福德廟，為『權山』開基之福德正神同受眾民所崇拜。」

恆春鎮「權山」福德廟，是誤記。關山的舊名為「高山巖」，而位於高山巖上的福德宮，又稱「關山」福德宮。正確是「關山」或「高山」巖福德宮。〔註117〕按閩南語發音關山或高山，與權山音近。

「臺灣省屏東縣琉球鄉宗教調查表」的誤記原因，推測可能有三：一是，民國48年（1959），調查記錄時，可能小琉球人的口音（發音）問題造成筆誤。二是，早期廟方人員，已將誤寫的「權山」，給調查人員，造成錯誤。三是，調查人員自己的誤記。然而，使用同一格式填載，一間廟宇的錯誤，就形成三間都錯。

另一方面，令人不解，三角頭要分靈福德正神，為何捨近求遠，不從小琉球島上福泉宮分靈。又，如果據文獻記載屬實的話，三角頭分靈，為何同

會，目錄號碼11，上杉福安宮。

〔註117〕關山位在恆春西南郊外的山坡上，視野展望極佳，可遠眺臺灣海峽壯麗的景緻。昔日即以「關山夕照」而聞名，號稱恆春八景之一。山頂上有一座「高山巖」，供奉福德正神。摘錄自花松村主編：《臺灣鄉土全誌》（臺北市：中一出版社，1996年5月，初版），頁19。

為高山巖福德宮。前述問題，曾與小琉球地方耆老討論，之後推測：古早碧
雲寺的配祀神福德正神（現今福泉宮福德正神），有可能從高山巖福德宮分
靈，因此三角頭福安宮認為要分靈就到祖廟高山巖福德宮。或者認為高山
巖福德宮是臺灣本土最早的土地公，所以才去分靈回到小琉球。

　　除了將關山誤記成權山之外，尚有表格誤填之處，據臺灣省文獻委員
會，「臺灣省屏東縣琉球鄉宗教調查表」民國 48 年（1959）記載，將「大福
福安宮沿革」、「天南福安宮沿革」，兩座福德正神廟的位置（地址、地勢）、
建築、平面圖與沿革誤填。因此，有必要提出。

　　據「臺灣省屏東縣琉球鄉宗教調查表」記載：

1. 調查表目錄號碼 9 的記載：「福安宮（土地公廟），位置（地勢）在『澳
   仔口』海邊。沿革記載內容是大寮角住民。」〔註 118〕澳仔口，是天臺
   天南福安宮，而沿革內容卻是大寮角。簡言之，廟宇與住民的地點不
   符。

2. 調查表目錄號碼 7 的記載：「福安宮（土地公廟），位置（地勢）在『大
   寮』海邊。沿革記載內容是天臺角住民。」〔註 119〕大寮海邊，是大寮
   福安宮，而沿革內容卻是天臺角。簡言之，廟宇與住民的地點不符。

　　這份「臺灣省屏東縣琉球鄉宗教調查表」，是民國 48 年（1959）4 月 20
日記載，表內有填表者簽名蓋章，整個琉球鄉三角頭福安宮的記載，出現嚴
重錯誤。然而相關小琉球三角頭福德正神廟的研究者，使用這份資料，未經
詳細比對，卻一一出現錯誤。〔註 120〕

〔註 118〕「臺灣省屏東縣琉球鄉宗教調查表」民國 48 年（1959）：臺灣省文獻委員
　　　　　會，目錄號碼 9，大福福安宮。

〔註 119〕「臺灣省屏東縣琉球鄉宗教調查表」民國 48 年（1959）：臺灣省文獻委員
　　　　　會，目錄號碼 7，天南福安宮。

〔註 120〕須商榷的文獻：1、私立樹德科技大學（提案單位）：《98 琉球嶼尋根之路──
　　　　　──移墾探究──清領與日治時期的移墾成果報告》（屏東縣：屏東縣琉球鄉
　　　　　公所〔招標單位〕，2010 年 1 月），頁 46、47。2、國立高雄師範大學（提案
　　　　　單位）：《琉球嶼尋根之路──移墾探究成果報告》（屏東縣：屏東縣琉球鄉
　　　　　公所〔招標單位〕，2008 年 8 月），頁 23。3、李宗信：《小琉球的社會與經
　　　　　濟變遷（1622～1945）》（臺南市：國立臺南師範學院臺灣文化研究所碩士論
　　　　　文，2004 年 1 月），頁 48。

第七章　結　論

　　透過田野調查深刻了解到小琉球，是個民風純樸，宗教信仰強度（濃厚）極高的地方，這與漁業經濟生活有關係。進行「琉球鄉地方傳說及信仰研究」，幾乎在 6.8 平方公里島上徒步的方式調查。除小琉球外，擴及走訪的，尚包括屏東縣、高雄市、臺南市等地區。就建築形式而言，從早期先人移墾小琉球所建立的草寮，發展至今幾乎被廟宇、民宿所取代。因此，筆者在島上的田野調查，常在寺廟中進行訪談。【圖 7-1、圖 7-2】最後即針對本書的研究進行回顧，梳理其中的旨要及收穫。同時，對於整個研究作個省思，並且提出研究的展望。

圖 7-1：田野調查──訪問小琉球碧雲寺、三隆宮委員會等人
　　　　　（碧雲寺辦公室）

【謝沛蓁拍攝：2020/4/30】

圖 7-2：田野調查——訪問小琉球地方耆老（三隆宮廟埕）

【謝沛蓁拍攝：2019/12/13】

第一節　6.8 平方公里的地方傳說回顧

　　張紫晨在《中國古代傳說》中，對於傳說「劃分情節類型的意義」表示：

　　傳說是一種口頭傳承的藝術門類。它在世代口頭傳承過程中，要靠
　　傳說的情節結構的穩定性。沒有一定的穩定性，就不可能傳承下來。
　　與此同時，人們在創作傳說中，也需要一定的模式和結構形式作為
　　借鑒。許多新產生的傳說也都是在這互相參照之下才逐漸完善起來
　　的。因此，從大量存在的傳說中，除著眼於內容進行概括分類之外，
　　適當概括其情節類型的表現也是有意義的。〔註1〕

張紫晨認為，「情節類型的分類，可以使我們簡要地了解歷史上某一地區、某
一民族傳說的各種類型及其異式。也可以使我們知道某種類型故事流傳於哪
些地區，反映出地區的分布與流傳情況。」〔註2〕因此，本書雖以琉球鄉的地
方傳說為研究範圍，其範圍或許未若前述地區之大，但還是在結論地方試著
分類回顧。

　　鍾敬文的《鍾敬文民間文學論集（下）》中〈中國的地方傳說〉一文，曾
將地方傳說略劃分為兩大項：「自然的」、「人工的」。「自然的」分為 8 類：山

〔註1〕張紫晨：《中國古代傳說》（長春：吉林文史出版社出版，1986 年 7 月，第 1
　　　版），頁 25、26。
〔註2〕張紫晨：《中國古代傳說》（長春：吉林文史出版社出版，1986 年 7 月，第 1
　　　版），頁 26。

嶺（包括峰、岡、陵、丘……），水（包括溪、河、澗、湖、津……），岩洞（包括穴），谷，石，泥土，持種草木鳥獸等，其它。「人工的」分為 11 類：城郭，祠廟（包括庵寺、宮觀等），鄉里，橋，井，樓臺，墳墓，亭塔，街衢，道路和關，其它。〔註3〕

　　如果將本書第二章「琉球鄉地方傳說」，置於鍾敬文的分類中來看，則有如下的結果：

　　一、自然的：

　　1. 山嶺：山豬溝傳說。

　　2. 岩洞：烏鬼洞傳說、美人洞傳說。

　　3. 石：倩女臺傳說、花瓶石（岩）傳說。

　　二、人工的：

　　1. 亭塔：白燈塔傳說。

　　2. 祠廟：瓦厝內風颱媽傳說、廣山隆黃府千歲傳說、華山代天宮百年石身王爺傳說、水興宮海先生傳說。

　　未能出現於以上分類的，如小琉球龍穴傳說，當然可歸屬於自然的山嶺傳說。另外，張紫晨在《中國古代傳說》，將傳說分三項：

> 當前關於傳說的分類情況，在這些分類中，基本上是大同小異的。其所以如此，是因為各家在分類時主要的標準是共同的。即從傳說內容著眼進行分類。無論分六類、五類還是三類、四類都是這個統一的出發點。在這中間，各種分類中出現最多的比較一致的是歷史傳說、人物傳說、地方傳說三項。〔註4〕

張紫晨將傳說分三項：「人物傳說」、「歷史傳說」、「地方傳說」。另將地方傳說，分為 7 類：名勝傳說、地方風物傳說、動植物傳說、土特產傳說、手工藝品的傳說、食品佳肴的傳說、風俗節日的傳說。〔註5〕

　　透過張紫晨的分類，本書的地方傳說，以小琉球觀光風景區來看，即涉及名勝傳說、地方風物傳說、動植物傳說。名勝傳說（小琉球觀光風景區），

〔註3〕鍾敬文：《鍾敬文民間文學論集（下）》（上海：上海文藝出版，1985 年 6 月，第 1 版），頁 79～82。

〔註4〕張紫晨：《中國古代傳說》（長春：吉林文史出版社出版，1986 年 7 月，第 1 版），頁 14。

〔註5〕張紫晨：《中國古代傳說》（長春：吉林文史出版社出版，1986 年 7 月，第 1 版），頁 16、17。

依順時鐘方向有情女臺傳說、白燈塔傳說、烏鬼洞傳說、山豬溝傳說、美人洞傳說、花瓶石傳說等 6 處。同時，以上 6 處結合風物，亦有風物傳說層面。而山豬溝傳說，另涉及動植物傳說（動物傳說［山豬精］）。

至於僧人陳明山身分傳說及蔡家祖先向嘉慶君借夜壺傳說，如果置於張紫晨的《中國古代傳說》中來看，應是屬於人物傳說。張紫晨將人物傳說分為 8 類：歷史人物、農民起義與革命領袖人物、生產技術人物、文藝人物、文化人物、傳說人物、神仙人物、其他社會人物。〔註6〕僧人陳明山身分傳說，應屬於傳說人物，因陳明山移入小琉球，查無入籍資料。蔡家祖先向嘉慶君借夜壺傳說，蔡家祖先就是瓦厝內的蔡文趙（字歲標），可歸屬於其他社會人物。嘉慶君就屬於歷史人物。因此，陳明山傳說及蔡家祖先向嘉慶君借夜壺傳說，應該是小琉球地方的人物傳說。

瓦厝內風颱媽傳說、廣山隆黃府千歲傳說、華山代天宮百年石身王爺傳說、水興宮海先生傳說等，依鍾敬文的分類是祠廟傳說，筆者認為是小琉球地方信仰之中的神明傳說。

一、「自然的」──山嶺、岩洞、石的傳說

（一）山嶺、岩洞的傳說

琉球鄉風景特定區，納入「大鵬灣國家風景特定區」，該特定區，有三處名勝觀光景點：烏鬼洞、山豬溝、美人洞。烏鬼洞傳說，依鍾敬文的分類是岩洞傳說，它是具有歷史史實可徵，其洞穴至今存在，雖有部分下陷，依然保有岩洞入口，可進入探究，但無法深入，是一處近 400 年的歷史遺跡。從【圖 7-3】「鬼骨厝」，可看出早期烏鬼洞外，尚未完全開發為現代風景區的樣貌。

烏鬼洞傳說，見有文獻記載，始於清代盧德嘉著的《鳳山縣采訪冊》記載，稱該住民為烏鬼番，形容人形怪異，能潛水數日。從此至今，民間稱早期的原住民為「烏鬼番」或「烏鬼」。離烏鬼洞不遠處的「番仔厝」，位於琉球鄉天福村中部偏北處西南部，中興路一帶。據金關丈夫、國分直一的研究指出，該處先居住民（原住民）的聚落散之地。

〔註6〕張紫晨：《中國古代傳說》（長春：吉林文史出版社出版，1986 年 7 月，第 1版），頁 14、15。

圖 7-3：小琉球鬼骨厝

照片來源：陳富濱提供【黃永財翻攝：2019/12/13】

　　當初他們住居處，為何不選擇對臺灣地理位置優越，又是該島對臺灣重要出入口的白沙尾，為何居住在番仔厝。筆者推測下列 4 點原因：1. 番仔厝位於天福村中部，又鄰近烏鬼洞，烏鬼洞是一個石灰岩洞穴地形，這個洞穴的空間，可作緊急或避颱風等之用。2. 離烏鬼洞不遠處就是山豬溝，山豬溝曾是小琉球人在日治時期躲空襲的「防空洞」，也許曾是早期原住民另一躲藏之處。3. 白沙尾不適合躲藏易暴露。4. 漢人到島上伐薪木或短暫停留，有可能在白沙尾進出。因此沒有選擇白沙尾當作住居處。

　　荷蘭人入侵時期，引用《巴達維亞城日記》、《熱蘭遮城日誌》等文獻，將小琉球的原住民遭受荷蘭人入侵的史實，爬梳研究，讓人們清楚知道島上原住民，為何被捕殺，何人所為。相對的，之於傳說的故事，主要是史料未出版前，人們的附會，隨著時間去增加或改變。例如，入侵者用煙燻入烏鬼洞，漢人在靈山寺看見煙霧，意思是烏鬼洞可通往靈山寺。這個說法，似乎可以探究，因為從烏鬼洞到靈山寺約數公里之遠，兩地相通不無可能，這種傳說較科學。另一個不科學的傳說，入侵者用煙燻入烏鬼洞時，煙霧通往高雄市小港鳳鼻頭。這與地理傳說係自鳳鼻頭入海通到小琉球有關。

　　山豬溝傳說，依鍾敬文的分類是山嶺傳說，該區是風景特定區之一，距離烏鬼洞不遠處。據住民說，小琉球沒有山豬，而山豬溝是住民所養的土豬常走失該山區，故稱山區為山豬溝。其地形為斷崖所形成，兩崖壁之間空隙成一條溝道，應該是早期土豬的路徑。另外，山區的岩石縫隙，日治時期為躲空襲的防空洞，所以，稱山豬溝的用意，或許早期為躲空襲時有個使用的名稱。

　　至於「山豬精化為人形」的傳說，住民並不是很清楚，因此該傳說並未

廣泛流傳。所以傳說來自民間，其中必有民眾生活經驗與關聯性，才能增強並延續傳說。如土豬及躲空襲，都是與住民的生活密切關係，空襲時甚至到山豬溝岩洞空隙辦公。

美人洞傳說，依鍾敬文的分類是岩洞傳說。該區是風景特定區之一，最早傳說是始於「棄嬰洞」，或「死嬰仔坑」，傳說由於小琉球早期先民重男輕女，加上經濟環境因素，連續生第二胎女，就被丟入緊鄰海邊岩洞。棄嬰的傳說，小琉球住民，老一輩的說法大多傾向有可能；年輕的則表示，只知道是傳說，其他並不清楚（無法想像）。然而，筆者在美人洞傳說，引《安平縣雜記》記載，臺南地區有「溺女」的陋習。又引《澎湖廳志稿》記載，澎湖地區亦有溺女。由前述可證臺灣早期確有「棄女嬰」的事件。

小琉球「棄嬰洞」（死嬰仔坑）的傳說，為了美化，轉化成為一位美女曾棲息島上的傳說。這個類型，鍾敬文在〈中國的地方傳說〉，歸類為「美人遺澤型」，所謂美人遺澤型的傳說，「就是未開化人這種『童心』所形成的。他們以為某美人是絕世的國色，她雖死了，但所接觸過的東西，必然要保存著某種與她的『美麗』或其它有關係的特色。」〔註7〕

傳說的「棄嬰洞」，之後再轉化該島某區的小姐很漂亮，到崩岩礁塊間洗衣服、挑水，故稱該區的礁塊空隙為美人洞。這種轉化，除了美化之外，與小琉球的經濟生活改善有關，也就是不希望外人用異樣眼光去看待，同時為展現他們的經濟實力，島上廟宇林立一座比一座氣派。

經過上述，對於兩處岩洞傳說（烏鬼洞傳說、美人洞傳說），一處山嶺傳說（山豬溝傳說）的梳理，再看現今三處風景區的發展。烏鬼洞風景區，皆關涉歷史遺跡及歷史的發生，其景區為遊客最常探索，進入洞穴時，似入「時光隧道」，也入境隨俗向烏鬼洞牌位（烏鬼洞主）禮敬。山豬溝風景區，目前是戶外生態教學的地方，少有提及有關豬的傳說。美人洞風景區，共有十三景區，涵蓋範圍很長，遊客到此可看到，民國 63 年（1974），時任省主席謝東閔登島巡視，於美人洞風景區題「海上樂園」。反而，不好聽的（棄嬰）傳說，當地導遊少有主動提及。

另外一提，烏鬼洞曾死數百名原住民於洞內，棄嬰洞傳說丟棄女嬰於海邊岩洞，這兩處並未有特別靈異現象傳說，如果有的話，只說早期在棄嬰洞

〔註7〕鍾敬文：《鍾敬文民間文學論集（下）》（上海：上海文藝出版，1985 年 6 月，第 1 版），頁 92。

附近海岸聽到嬰兒哭泣聲。除此，以小琉球人宗教信仰濃厚的觀念，這兩處未曾傳出鬼靈顯現而建廟奉祀之舉（除了烏鬼洞口立牌位），令人不解。

（二）石的傳說

倩女臺及花瓶石（岩）傳說，依鍾敬文的分類是石的傳說。小琉球為隆起珊瑚礁所構成，基盤為泥質頁岩層，表面上覆蓋著珊瑚石灰岩，海岸為隆起珊瑚礁所環繞。石灰岩洞穴地形與珊瑚礁海岸地形遍布全島。〔註8〕較有名的有倩女臺、花瓶（岩）、龍蝦洞等。

倩女臺及花瓶石（岩），是自然岩石，遠觀未若巨石，近看似一大岩石，各矗立於路邊及海岸中。若將兩塊岩石置於張紫晨《中國古代傳說》中的分類，應是地方傳說之一的地方風物傳說，與山石有關的傳說。

倩女臺，位於琉球鄉大福村海岸旁，兩塊巨大珊瑚礁石灰岩屹立路旁。當前往田野調查時，發現鄰近海岸沙灘另有兩塊巨石相對，頓時難以辨別，於是請問鄰近住家或潛水教練等人，但是無人知曉（倩女臺及傳說）。這種未能延續傳說情形，已在上述提過，傳說來自民間，其中必有民眾生活經驗與關聯性，才能增強並延續傳說。雖說兩塊大石塊，早期曾有意被塑造「望夫石」的傳說，但無地貌形體讓人記憶留存。一般而言，與自然風物相關的傳說中，其外在形貌、景觀是人們第一時間置入眼裡，對於大自然的渾然天成，除了感到讚歎，同時受到大自然的傑作所吸引，之後，才進一步聽到種種的傳說。

倩女臺同於其他岩石一樣，矗立在小琉球海岸公路旁，早期曾塑造望去似兩個人頭狀，現今來看其形體未如其他岩石的相似度，如觀音石、紅番石、老鼠石、猴石等。當筆者遠看觀音石時，想著，如果以觀音石轉成一位女性，在海岸邊……，應該可以創造幾個愛情或其他的傳說故事。岩石以觀音命名，除了形體有如觀世音菩薩坐於海岸邊，守護島民。加上觀音佛祖是小琉球信仰位階第一的神明，故此，人們可能不作他想，以表敬意。【圖7-4】

花瓶石（岩）是船隻進入小琉球首見奇特岩石。由於形體特殊，又四週無其他岩石，獨立海岸邊，故獨厚並享有很高的知名度，如琉球鄉的門牌上有花瓶石（岩）的圖案。【圖7-5】花瓶石獨立海岸中，一直孤單站立著，人

〔註8〕洪義詳主修、林澤田總編纂：《琉球鄉志》（屏東縣：屏東縣琉球鄉公所，2006年12月），頁22。

們創造另外兩隻花瓶陪伴，其中一隻花瓶要倒下時，曾哭了三天三夜。這個故事除了「哭」，並沒有其他內容，難以流傳。換句話說，花瓶石的特殊形體，所處的位置，才是人們所關注的，也就是有奇特形貌，但無不可思議的傳說。

圖 7-4：小琉球觀音石

【黃永財拍攝：2021/1/30】

圖 7-5：碧雲寺門牌上的花瓶石

【黃永財拍攝：2021/1/30】

石頭，在臺灣民間宗教信仰常被崇祀的對象。如小琉球島上水流公信仰，剛開始以一石頭為「神像」，一般上，大多為小石塊。有一則石塊突然變大的傳說，彭衍綸的《風傳人間・物說春秋——臺灣地方風物傳說的踏查與闡述》中，〈花蓮縣玉里鎮石公山傳說研究〉指出：「在當地卻曾流傳一則石公山顯靈幫助平埔族人打敗阿美族人的傳說。」〔註9〕事後大庄平埔族的人，認為大石顯靈幫助他們，稱它為大石公，至今還有拜它。

〔註9〕彭衍綸：《風傳人間・物說春秋——臺灣地方風物傳說的踏查與闡述》（臺北市：里仁書局，2017 年 8 月，初版），頁 77。

　　花蓮縣玉里鎮東豐里的石公山，為當地自然生成的風物，如今是覆蓋草木的巨石，而石公山的顯靈傳說，至今還有拜它，可見石公山傳說依然延續著。從石塊顯靈助族群打敗敵人，有著宗教信仰面的存在，而打敗敵人則是生存要素，因此，有信仰面及生存要素為基礎，與民眾生活的關聯性，才能增強並延續傳說。如今石公山的顯靈傳說，是信仰的形成，相關傳說也就逐漸產生。

　　反觀，小琉球大小岩石各暴露島上及海岸邊，雖有形體，未能創造傳說，如果以小琉球宗教信仰濃厚層面來看，大小岩石各具形體，想必以「石的」傳說，應該會廣為流傳。例如，屏東縣恆春鎮高山巖福德宮，據廟方記載，鐘乳石長期受滴水侵蝕自然形成福德正神的神像樣貌，明崇禎 12 年（1639），開始受人祀奉，至今已近 400 年的歷史，是臺灣本土最早的土地公（廟方的說法）。

二、「人工的」——亭塔、祠廟的傳說

（一）亭塔的傳說

　　白燈塔，座在南福村厚石的北側尖山頂稜線上，是座國際性燈塔，與恆春鵝鑾鼻燈塔一樣，具備有指引南臺灣海峽及巴士海峽夜間航行船隻的功能，因塔身白色，稱「白燈塔」。

　　白燈塔傳說，依鍾敬文的分類是亭塔的傳說，是座人工的建物。它是以白燈塔為名，但內容卻是一隻白猴與日本兵的傳說。如果以內容來看，白猴應該屬於自然的，其分類是特種草木鳥獸等類。同時置於張紫晨《中國古代傳說》中的分類，應是地方傳說之一的動植物傳說。因為，傳說主要都是白猴危害地方住民，換句話說，白猴是傳說故事的主角。然而會以白燈塔命名，是白猴與日本兵死後埋葬於白燈塔下，而命名的。

　　白燈塔傳說是小琉球最負盛名的靈異傳說之一。臺灣有著無盡口說的文化傳承，而鬼靈顯現的傳說，早期的農業時代裡，在傍晚時分或是夜晚閒暇時，人們聚集閒談瞎扯常有的。林美容在《臺灣鬼仔古——從民俗看見臺灣人的冥界想像》說：「一個地方，一個社會，乃至一個國家，不可能沒有故事。而鬼故事很庶民，很詭異，很陰森，很神秘，有它天然的誘惑力。」〔註 10〕

〔註 10〕林美容：《臺灣鬼仔古——從民俗看見臺灣人的冥界想像》（臺北市：月熊出版，2017 年 8 月 30 日，初版），作者序，頁 4。

因此，小琉球早期住民對於人煙稀少的白燈塔，覺得很詭異，很陰森，很神秘，它的傳說是結合風物（燈搭）、動物（白猴）、人物（日本兵）的傳說。

傳說白猴及日本兵是冤死，從此化魂作祟。所以小琉球住民在白燈塔不遠處立小祠，供奉白猴及日本兵靈位，這種靈異的信仰，就是與住民生活相關係，住民希望白猴及日本兵，不要再危害他們。而馬祖有一個離島軍中鬼故事：「以前有新兵不堪老兵壓迫，在碉堡自殺，從此便化作靈魂作祟。另有人說新兵是被虐打死的。」〔註11〕因此軍兵在軍中因故死掉，化作靈魂作祟的傳說，在離島的地方也有著相似的傳說故事。

（二）祠廟的傳說

瓦厝內風颱媽傳說、廣山隆黃府千歲傳說、華山代天宮百年石身王爺傳說、水興宮海先生傳說等，依鍾敬文的分類是祠廟傳說，除此，筆者認為是小琉球地方信仰神明傳說。同時也是風物傳說，因為風物立於土地之上，除了地景，也是話題，風物亦是民眾的祈願對象，如屏東縣恆春高山巖福德宮的「福靈龜」，相傳原為海上龜精，經被收伏後，現今龜石掛滿祈願紅線。同樣的，廟宇是地上建物，廟中祀神，均為民眾或信徒祈祀的場所，祈願的對象。小琉球寺廟林立，水流公信仰比例甚高，初期多以石頭為祈祀的對象，之後住民建小祠或廟奉祀，廟宇是人工建物，石頭是自然風物，除非經雕塑。因此，小琉球人們對於自然界的風物是敬重的，也是崇祀，如地方民俗信仰中，到海邊犒軍，其意犒賞信仰中的軍兵之外，也祀水神、海神，這是與漁業生活有關。

廣山隆黃府千歲傳說與水興宮海先生傳說，是人死後因靈現而建廟，經敕封再升格的神。林美容在《臺灣鬼仔古——從民俗看見臺灣人的冥界想像》說：「人死即為鬼，換句話說，成為鬼是人類最後的歸宿。當人死後，儘管肉體腐化回歸大地，靈魂卻與生命世界保有聯繫。」〔註12〕這是「巫術性的信仰」，為「陰神」（由靈形成）崇拜性質。其原始動機則由為了避免鬼靈的作祟演化成對祭祀對象較為功利性質的祈求。〔註13〕

瓦厝內蔡家佛祖媽對颱風的判斷準確稱「風颱媽」，這都是住居島上小琉

〔註11〕摘錄自林美容：《臺灣鬼仔古——從民俗看見臺灣人的冥界想像》（臺北市：月熊出版，2017年8月30日，初版），頁82。

〔註12〕林美容：《臺灣鬼仔古——從民俗看見臺灣人的冥界想像》（臺北市：月熊出版，2017年8月30日，初版），前言，頁7。

〔註13〕謝宗榮：《臺灣傳統宗教藝術》（臺中市：晨星出版有限公司，2003年9月，初版），頁42。

球人，對於海上不可預知的「風雲變色」深感恐懼，求助於神明。人們只要順利或平安，認為神明靈驗顯現給予保佑惠賜的，積極舉行各種祭祀儀式，透過儀式去傳達神明的靈驗顯現，生產出神明靈驗傳說。另外，華山代天宮的石府千歲，金身被埋入地底，經四百多年，終被挖出。這種奇蹟式的靈顯，至今還是被小琉球的人們去相信。因此，神明要「興」（靈驗）就要有傳說，只要能夠塑造出一件讓人們傳頌，並且廣為流傳，這座寺廟就有機會揚名立萬，如屏東縣萬丹鄉萬惠宮，「媽祖接炸彈」的傳說，據「媽祖接炸彈紀念碑」記載【圖7-6】：

> 中華民國34年（1945）第二次世界大戰爆發期間，盟軍飛機不斷來萬丹空襲轟炸，在2月22日（農曆正月初8日星期二）上午11時左右，投下此枚重達五百公斤威力強猛的炸彈，落於人口稠密萬惠宮旁，直衝破十一層屋壁，在李同益先生族親粗糠間內豎立著，全端賴媽祖顯靈接著炸彈並且止爆，否則後果不堪設想，神像的雙手斷指無法黏接，及德高望重老一輩的親眼目睹，都是明證為此。〔註14〕

媽祖「徒手接炸彈」的傳說，在臺灣各地流傳，如臺中大甲鎮瀾宮、彰化埤頭合興宮、雲林北港朝天宮等。類似這種的傳說，是蘊含著媽祖的慈悲心，也為了顯現媽祖的靈現及神威。

圖7-6：屏東縣萬丹鄉萬惠宮，「媽祖接炸彈」紀念碑

【黃永財拍攝：2021/2/12】

〔註14〕摘錄自屏東縣萬丹鄉萬惠宮，「媽祖接炸彈」紀念碑。資料來源：筆者田野調查，地點：屏東縣萬丹鄉萬惠宮，日期：2021年2月12日。

三、人物傳說

　　陳明山傳說及蔡家祖先向嘉慶君借夜壺傳說，依鍾敬文的分類是其它的傳說。如果置於張紫晨的《中國古代傳說》中來看，應是屬於人物傳說。

　　在人物傳說中，僧人陳明山，應屬於傳說人物，就是攜三府千歲到小琉球之人。為何是傳說人物，因為早年移墾小琉球的先民並無陳明山入籍資料，而且傳說是僧人，因此可能沒有後代。曾經有人懷疑他是否客家人，而現今的三隆宮，早期是否為三山國王廟，這個問題至今實難考證。他不像碧雲寺早期是由田氏塑土偶像開基，至今田氏後代仍住居小琉球。陳明山的身分難考證，如他所攜三府千歲池、朱、吳三位王爺，祂們的身分，在史料並無記載。臺灣王爺信仰中，各家王爺廟的千歲爺在該廟源史，不少記載某王爺源自哪個朝代的人，但經查過史料之後，並無此人。

　　蔡家祖先向嘉慶君借夜壺傳說，蔡家祖先就是瓦厝內的蔡文趙（字歲標），可歸屬於其他社會人物。嘉慶君就屬於歷史人物。這則嘉慶君遊小琉球傳說，可能早期蔡家是小琉球望族及富豪關係，因此想附會帝王光采，所創造的傳說。島上地方耆老說，早期小琉球人普遍學識不高，加上遇到地方較富有的家族，所說的話，可能信以為真。

四、相關小琉球地方上的傳說

　　上述各類型傳說，是本書「琉球鄉地方傳說」的回顧及梳理。除此之外，於本書其他章節所涉及相關小琉球地方上的傳說，在本地方同時作個回顧整理。

　　琉球鄉的地理傳說，是個「龍穴」；碧雲寺的地理是個螃蟹穴。人們對於地理的重視，其範圍的大小無法界定，也就是喜將自己所處的地方塑造一個風水寶地。有關地理、風水傳說，類別很多。常見的有尋找風水寶地、得到風水好地理、失去地理、爭風水地理、敗地理等等的傳說。

　　有關敗地理的傳說，據胡萬川的《民間文學的理論與實際》中說：「傳說中被朝廷派來執行敗臺灣地理的官員，主要有兩個人，以民間口傳的話語來說，一個就是『楊本縣』，另一個大家稱之為『小蔣』。這兩位傳說中的官員都是真有其人的歷史人物。臺灣南部流傳的朝廷派人來敗臺灣地理傳說，情節大致和中部差不多，但代表性人物姓蔣，傳說的講述者一般稱之為『小蔣』。」〔註15〕而小琉球的地理、風水被敗的傳說，大概就如前述所言。

〔註15〕胡萬川：《民間文學的理論與實際》（臺北市：里仁書局，2010年10月，初

　　碧雲寺的地理是個螃蟹穴，從螃蟹嘴吐出稱龍目水，又稱龍目井，這與人們喜愛將井取名為龍目井有關。昔日是住民取水重要來源之一，現今外圍用鐵圍籠隔離，除了信徒因信仰上的需要，不再是民生用水。欲進入該井取水，必須脫鞋，除了對井的敬意之外，可能與衛生有關。信徒因療病向觀音佛祖求小蝦配藥，必須依照指示數量撈取，不可多撈，從教育角度看，人不可貪心，要誠實。

　　碧雲寺的龍目井目前還是水源不斷，如今島上取水方便，住民回想過去無水之苦，所以對於龍目井的下方要開發成為竹林生態池，深怕影響到整個小琉球地理風水之外，同時也要保存這口「龍目井」，其用意是「飲水思源」。

　　三隆宮早期池王爺（以下或稱老池王）因非常靈驗，常到境內、外濟世，因故漂流走失。被撿拾後，現今神像被奉祀高雄旗津福壽宮，而三隆宮經神示後（老池王指示）得知，其間三隆宮曾另雕老池王金身（神像）前往福壽宮欲偷換神像的傳說。

　　然而三隆宮除了神示之外，為何會得知？經筆者幾次與兩地廟方人員探討後，做出如下的推測：高雄旗津與小琉球因地理位置關係，在旗津有不少小琉球的移民，可能聽說福壽宮殿內有尊神像是早期從海上撿拾到，依神像的塑造來看，是臺灣民間信仰中池府千歲的造型〔註16〕。所以，正巧小琉球三隆宮的池王爺，傳說被大水沖走，因此，早期移居旗津的小琉球人，認為是他們小琉球三隆宮的池王爺，於是展開雙方交流。不過，前述只是現今人們的推測，至於目前奉祀在高雄旗津福壽宮的老池王，是否當年小琉球三隆宮所流失的開基池王，福壽宮與三隆宮兩方的執事者或地方上長者，均未能證實。

　　目前奉祀在福壽宮的老池王因靈驗，早期常挖金身底座供信徒做藥引，致於底座空虛，因此福壽宮近年來花費鉅資，用黃金打造底座，使老池王金身完整。為何福壽宮願意這麼做，如果從信仰靈驗來看，據福壽宮表示，老池王常「發揮靈驗」，深受信徒崇拜，所以廟方願意花大錢去做。從另一角度看，小琉球三隆宮近年來的迎王平安祭典，在臺灣已經打出王船信仰的知名度。又，老池王傳說是三隆宮的開基神像，故此，福壽宮認為老池王絕對值得花大錢用黃金去整理，將祂永祀。同時福壽宮更可以向信徒顯示，本宮池府千歲的底座係用金仔（黃金）打造的，展現該廟的財力。

　　　版），頁 260、263。

〔註16〕臺灣王爺廟的池府千歲神像造型，就如中毒身亡狀，神像以黑臉吊白眼狀。

位於白沙尾最熱鬧地段的大眾爺廟主神，地方上稱「老主公」。老主公的金身傳說，也就是老主公的由來，是一群小孩捏做一個土偶，將土偶綁在椅子上，學四駕般左右擺動，果真發起來，是大眾爺附身到土偶上。這樣的傳說，是以孩童、土偶、學四駕（四人扛的小轎）、發起來（起輦）、神靈入侵等的組合，創造神靈顯現，之後由於靈顯受信徒崇拜，再雕金身最終建廟奉祀。類似此種現象曾經提出，如高雄市梓官區的廟宇，廟史沿革的故事傳說情節有雷同。因此，在臺灣宗教信仰中，神明有不同來源的形式傳說，而前述現象是其中的類型之一。

另外，天南福安宮，有「溫王靈，福德身」傳說，由於原本要從東港東隆宮分靈福德正神，卻誤將溫王爺香灰帶回入福德正神金身。天南福安宮到東隆宮分靈福德正神，屬於香火分靈，稱「分靈崇拜型」，就是信眾向神靈顯赫的廟宇分香，這類型最為普遍。〔註17〕

五、琉球鄉地方傳說的功能及價值

綜觀琉球鄉的地方傳說，以觀光旅遊來看，景區傳說有助於觀光內涵的提升；祠廟的傳說，可以結合寺廟觀光與宗教信仰；傳說人物的傳說，讓遊客知道小琉球的人文。綜合說，琉球鄉地方傳說不僅是民間文學的傳承，能讓地方增進經濟收入，同時讓人們瞭解到小琉球早期的開發歷史，因此琉球鄉的地方傳說是具觀光、人文、歷史、信仰、教育等多層面功能。

由於相關琉球鄉的地方傳說文字記載匱乏，只能進行田野調查擷取第一手資料，然而留居島上的住民，對於地方風物傳說，只有零星的記憶，如果能講的大概是烏鬼洞傳說、棄嬰洞傳說、白燈塔傳說、小琉球地理傳說等，所以筆者只能從不同的面向重新建構相關資料。

因此，琉球鄉地方傳說的研究價值，就是深入民間實地訪談，可以再勾起小琉球人對傳說的記憶，結合有限文獻及田野調查所得，使鄉內地方傳說得以代代相傳，對於後者的研究有所助益。運用地方傳說研究成果，更能延伸觀光旅遊層面，並且增益旅遊的文化層的內涵，同時可以藉由導覽員與遊客之間的互動，探討地方傳說，集思廣益，或許能發展新的議題。

時至今日，社會形態改變，傳說不再是口耳相傳而已，它的流播有網站、

〔註17〕謝宗榮：《臺灣的王爺廟》（臺北縣：遠足文化事業股份有限公司，2006 年 1 月），頁 68、69。

部落格、臉書等蹤跡。作為地方傳說的研究，雖有資訊流播可參考，但網路等訊息嚴謹度不夠，還是要一步一腳印去走，走入民間進行傳說的收錄。從一個人、幾個人、多數人去訪談，可以發覺到傳說故事情節的內容，與訪談人數有關係。人數多，比較不會亂「加料」（自編、自說），只有一個人，就有可能想說什麼就說什麼。因此，筆者進行琉球鄉地方傳說研究，訪談人數是多方面的，並不是單獨看傳說文本情節的演變，而是融合田野調查的第一手資料，深入小琉球民間所得的地方傳說。

第二節　宗教信仰是小琉球人的生活重心

　　小琉球的宗教信仰是庶民的、生活的、習性的、民俗的、通俗的，雖然島上寺廟林立，有人認為是「迷信」。〔註18〕然而宗教信仰對琉球鄉漁村生活所造成的影響，幾乎是全面性的。島上除基督教外，琉球鄉宗教多屬於多神教信仰，如佛教、道教、儒教、一貫道等混雜而成的所謂「宗教信仰」。

　　從自宅中或神壇的「私壇」，到「廟宅一體，神人合住」的「私廟」，再到庄頭共有共祀的「庄廟」，提升到角頭共有共祀的「角頭廟」，再提升到全鄉共有共祀的公廟，琉球鄉自然形成五個層級的宗教信仰。從個人、家庭、家族，乃至於村落到全鄉，常以神明的「旨意」為依歸。

　　本節以小琉球地方公廟碧雲寺、三隆宮，還有四角頭的福德正神廟及附屬陰廟作進行回顧，梳理其中的旨要。

一、小琉球信仰位階第一的觀音媽廟——碧雲寺

　　碧雲寺的創立，據〈琉球鄉碧雲寺源史〉記載：清乾隆元年（1736）。而盧德嘉的《鳳山縣采訪冊》及伊能嘉矩的《臺灣文化志》記載：清乾隆 59 年（1794）。兩者相差約近 60 年。但是對於小琉球人來講，觀音佛祖的靈驗及護佑才是最為重要，認為是島上最古早的寺廟及神佛。至於碧雲寺的創立年代，少有人去探究。

　　筆者在小琉球田野調查期間，幾乎必到碧雲寺的兩個地方，一是解籤處；一是管理委員會辦公室。解籤處有地方長者為信徒解籤詩，從解籤處看過去

〔註18〕參用戴文鋒：《重修屏東縣志·民間信仰》（屏東市：屏東縣政府，2014 年 11 月），頁 259。

就是正殿，常聽到對話：「回來拜拜」，其意是移居島外的小琉球人回到島上。管理委員會辦公室常有信徒走動問事情，如慶典活動日期或祭改、寄付香油錢等事項。廟裡各殿中，有些女性長輩，早、晚都到碧雲寺報到，有人擇一隅靜坐，有人擲筊口中念念有詞，感覺到她們似乎可以與觀音佛祖「對話」，這個現象從早上到晚上，幾乎隨時可以看到的情形。

宗教信仰，它是「超自然力量」，人們對崇拜或信念凝聚而成，是自發性的。當住民或信徒到碧雲寺拜拜時，常會說是佛祖（觀音媽）的意思，或者說，擲筊問佛祖（觀音媽）。因此有人則說：「小琉球人的命運都掌握在觀音媽手中」。小琉球人對碧雲寺的情感，是與拓殖先民有著血肉相連的關係，碧雲寺是琉球鄉住民心靈的寄託與信仰中心。

小琉球是一個漁村型的社會，人與人之間的相處和諧。島上寺廟林立，密度高，碧雲寺能夠成為島上信仰位階第一的公廟，主要是觀音信仰具有凝聚小琉球人團結意識。臺灣宗教團體，是政治選舉必爭的，尤以地方的大廟或公廟，更是候選人必到爭取選票之處，甚至選擇寺廟的廟埕舉辦造勢活動。而小琉球有些人同樣對政治是熱衷的，各人各有自己的政治理念及色彩，平時交談各持己見，分別支持不同黨派。但是他們只要為觀音媽做事情，都是熱心虔誠的參與，將不同政治理念放一邊，把他們「心」交給觀音佛祖，大家同心協力分工合作，讓祭典活動圓滿完成。透過碧雲寺每一次宗教活動，再次凝聚住民集體團結意識，同時拉回移居島外的小琉球人回鄉，鞏固鄉土意識。

碧雲寺能夠凝聚小琉球人團結意識，主要是觀音佛祖的靈驗因素。古早時期島上住民較少接觸外面現代文明，凡事以觀音媽指示為依歸，不管觀音媽靈驗否，人們對觀音媽信仰是虔誠的。如今時代不同，住民或移居者接觸到新文明，觀音媽的靈驗面對考驗，相對的也考驗小琉球人對碧雲寺觀音佛祖的虔心。

現今住民、信徒對碧雲寺觀音佛祖的虔心，來自神明靈驗的現實面，而靈驗背後來自實際奉祀敬拜以及參與活動等行為。如擲筊求籤詩，點光明燈的數量，還願謝神及酬神（酬神戲），慶典寄付香油錢，還有參與慶典活動等等。目前在碧雲寺還是常看到信眾抽籤詩，求運籤者眾，而藥籤者少，點光燈是碧雲寺重要財源之一，有不錯的收入。至於謝神及酬神，其棚頭、捐獻金，須要請琉球鄉農會或漁會派人協助收取，寄付金收入可觀。可見小琉球住民、信徒對碧雲寺觀音佛祖信仰，其靈驗是相信的，虔誠心不因現代文明

意識提升而改變。

　　碧雲寺的年度慶典活動，從元宵節陸續展開，而「落廟」是選出酬神戲團的活動，再來選出當年的爐主、頭家。為了展現公開、公平性，都在碧雲寺觀音佛祖前，以擲筊方式，由觀音佛祖欽定。其過程讓人期待的，如戲棚選出，來自全臺的戲團角逐，參加團數約近 20 團左右，經擲筊得杯數最高者為正棚；次高者是副棚，得到演出機會他們興奮不已，因為有機會演出，團員有工作有收入，這就是宗教的經濟功能。

　　碧雲寺、三隆宮管理委員會，對於工程及採購等事項，以投標公告。同時兼顧小琉球鄉民生計，有些投標資格則限戶籍在小琉球居住二個月以上者，也就是生意儘量給島上的人來做，所以碧雲寺對於島上有經濟功能的助益。同時，每年的觀音聖誕期間，移居島外小琉球人回鄉或信徒前來祝壽，人潮踴現，增加碧雲寺不少香油錢收入，也帶給島上經濟收入，例如，交通船班班客滿，需要增開加班船，免稅商店購買煙酒的人們大排長龍，民宿、機車出租、風景區、商店等，人潮湧現，都是碧雲寺帶來的效應，有助於琉球鄉的經濟發展及觀光。

　　近年來舉辦「琉球鄉碧雲寺觀音佛誕文化祭」活動。【圖 7-7】活動內容，如在地瘋文創，朝山跪拜，迎、送天公爐等，分別有鼓陣、舞獅及鑼鼓表演，並且將在地文化往下深耕，由鄉立幼兒園數十位小朋友穿著華麗衣服表演舞龍舞獅，除了慶祝觀音佛祖聖誕之外，有薪火相傳之意，同時透露出，碧雲寺觀音佛祖信仰不單是長者的事，也必須讓幼童能夠參與，達到在地信仰文化的教育功能。

圖 7-7：2019 年琉球鄉碧雲寺觀音佛祖聖誕文化祭

【黃永財拍攝：2019/3/24】

　　碧雲寺除了宗教信仰及凝聚小琉球人團結意識之外，還具有社會功能。當小琉球人（住居島內、外）在生活上遇有疑惑或不順遂的情形，就會到碧雲寺請示觀音媽。如果有紛爭，大家聚集在神前請佛祖定奪，用擲筊處理，其方式公平，可以讓紛爭平息，不再生事端。除此，還可以增加生活上的安全感及信心，例如，鄉民到島外工作，或者升學、就業考試，到碧雲寺向觀音佛祖祈求，可以增進安全感及信心，換句話說到碧雲寺向觀音媽「取暖」。

　　三年一科迎王平安祭典盛事，碧雲寺觀音佛祖扮演著重要角色。迎王活動三隆宮是主辦單位，碧雲寺看似協辦，但是碧雲寺與三隆宮同屬一個管理委員會單位，所以其實也是主辦身分。在迎王祭典期間，當碧雲寺的神轎抵達三隆宮時，除了該科代天巡狩大千歲之外，所有神轎要做出迎接動作，其意就是代表小琉球信仰位階第一的象徵。王駕巡察（出巡遶境），觀音佛祖（佛祖）、觀音佛祖（大媽）的神轎，一定走在代天巡狩（中軍府、五千歲、四千歲、三千歲、二千歲）及大千歲神轎前，帶領出巡遶境，所以觀音媽是地主身分。因此，我們不得不佩服小琉球先民，能將民間信仰神界的階級清楚劃定，讓後人依循辦理。

　　碧雲寺除了是小琉球人的信仰中心之外，也是遊客到島上幾乎必遊之處。碧雲寺具有小琉球人團結意識、經濟發展、社會文化、教育等功能，這些都要歸功於先民一步一腳印所累積的，也要讚許目前管理委員會的組織嚴謹運作，秉承先民精神，能夠將島上信仰位階第一的位置，經營至今屹立不搖，讓人們對觀音媽的信仰是堅定的，讓祂受小琉球人永祀，繼續護佑島內、外的小琉球人及信徒。

二、小琉球迎王信仰中心的王爺廟──三隆宮

（一）小琉球迎王信仰的功能及意義

　　王爺信仰源自大陸東南沿海，臺灣民間信仰中，先民入臺開墾，由於早年疫癘猖獗，產生瘟疫神祭拜的信仰習俗，在「送瘟」王醮活動中，流傳造王船送瘟疫的信仰習俗。

　　屏東縣沿海型的迎王祭典，主要以東港鎮東隆宮為核心，再加上小琉球及南州，形成屏東最重要且最廣為人知的迎王地區，稱屏東「三大迎王祭典」〔註19〕。因為三大迎王不但活動規模盛大，在臺灣具有高知名度，其

─────────────

〔註19〕戴文鋒：《重修屏東縣志・民間信仰》（屏東市：屏東縣政府，2014 年 11 月），

中小琉球三隆宮迎王平安祭典，因具有地方民俗特色，歷史悠久，已於民國99 年（2010）被屏東縣政府公告登錄為「民俗及有關文物類」的一般文化資產。〔註20〕

小琉球三隆宮，據廟方記載，於清乾隆初年由陳明山攜三府千歲到小琉球，三府千歲就是五府千歲李、池、吳、朱、范五王之中，二王池府、三王吳府、四王朱府千歲，故稱「三隆宮」。該廟是座王爺廟，不是瘟神廟，但是在迎王平安祭典中，迎、送三年一科的大千歲等王爺，與燒王船送瘟並掃除穢氣，是具有瘟神信仰成分存在，如同戊戌正科（2018）迎王大總理的話：「迎王的意義，敬天、崇神、和瘟，延續古風。」〔註21〕從大總理的話，得知小琉球迎王的意義是具有「和瘟」，也就是瘟神的信仰。

小琉球三隆宮相傳在清乾隆年代建立，但盧德嘉的《鳳山縣采訪冊》，並未記載小琉球有座王爺廟，只有記載「觀音寺」，就是現今碧雲寺。有可能三隆宮早期規模不大名氣小。清咸豐3 年（1853）起，小琉球三隆宮就已經參加東港東隆宮迎王系統，嚴格來說，是東港地區迎王之一的角頭而已。

自從小琉球三隆宮與東港東隆宮迎王分離後，由於小琉球經濟生活大幅提升，三隆宮廟體陸續重建，已經從早期規模不大的廟宇，建造成小琉球目前最大的廟宇，象徵小琉球迎王信仰的中心，地方上的公廟。民國74 年（1985）乙丑科迎王平安祭典，正式迎送王船（木製），至今歷經近40 年的自辦完整迎王信仰歲月，其間財力、名氣、規模等，已經完全可以獨立自辦迎王祭典，並發展「海島型迎王」特色，不再依附東港東隆宮迎王系統，更不是擔任一角頭的單位，所以迎王的分離，有如「樹大分枝」，走上「獨立」之路是必然的，如屏東南州迎王，也是後來獨立自辦，就所謂「兄弟分家」，各自打拼。

小琉球三隆宮是海島型迎王信仰，是全鄉性的，換句話說是全島性的，三隆宮也因舉辦迎王其知名度持續加溫。島外的人們所知道熟悉的，應以「小琉球迎王」、「小琉球三隆宮」，而對於三隆宮主祀神池、吳、朱王爺，似乎比較陌生，大概知道是王爺廟。除了舉辦三年一科迎王，平時島外遊客、信眾到三隆宮參拜並不是很多，可能離島關係。因此，三隆宮對於琉球鄉的經濟

頁 16。
〔註20〕戴文鋒：《重修屏東縣志・民間信仰》（屏東市：屏東縣政府，2014 年 11 月），頁 16。
〔註21〕屏東縣《琉球鄉三隆宮戊戌正科（2018）平安祭典會工作手冊》，頁 14。

功能，可能局限於三年一科迎王祭典這段時間，而寺廟旅遊觀光方面，據筆者三年多觀察，與島上的碧雲寺相比，遊客少很多（非迎王祭典日）。

雖說三隆宮迎王祭典對於經濟，只有發揮三年一次的功能，但是其層面之廣難以計算，它不但是有利於小琉球島上經濟，同時臺灣本島也受益，尤以東港地區受益為多。因為三年一科迎王祭典的準備，時間多達數個月，相關祭典事務用品等物項，必須從臺灣本島輸入，其要項可參考「三隆宮戊戌正科平安祭典收支報告」便可知道。還有島上四角頭，其他寺廟，住民，移居者等，迎王物品的採購，皆從本島購入。因此，如果以小琉球地方兩大公廟慶典的經濟功能面向來看，三隆宮三年一次的迎王祭典，展現經濟功能，絕不輸碧雲寺一年一度觀音佛祖聖誕慶典，甚至超過三年的總和。〔註 22〕因為小琉球迎王祭典已在臺灣打響知名度，畢竟三年一次盛會，島內、外小琉球人及外來遊客的參與人數，遠超於碧雲寺觀音信仰慶典活動。

小琉球的迎王祭典信仰除了具有經濟功能之外，是庶民的、生活的、習性的、民俗的、通俗的，有人認為迷信，而王船祭是浪費，此舉與古代「送瘟」王醮，斂金造船，並將送流出海或者燒化的習俗無異。然而小琉球人認為，它具有穩定人心作用，可以運用三年一科的王船，將地方「不安、不潔」之處掃除帶走，雖是迷信，可「淨化人心」，使住民不再「疑神疑鬼」，就所謂「心定人平安」的道理。〔註 23〕

迎王祭典，源於古代的王醮送瘟活動，王醮隨著漢人移民渡臺，至遲於清康熙年間已有王醮活動。〔註 24〕經過數百年的變遷，已發展出臺灣的迎王祭典宗教信仰文化，或王船祭文化，例如王船建造，十分講究，風篷、槌、舵一應具全。王船上的食物、器用、財金，全具備。王船遶境接受「添載」。現今迎王祭典有酬神戲，與過去文獻記載相同。設壇祭神、請王、遶境、宴王、送王等儀式流程，都是先人的傳下來的迎王祭典文化。

現今迎王祭典，或者王船祭活動是民間信仰文化的展現，有人認為迷信、浪費，但是民間信仰的慶典活動，它是神、人同歡慶，靠信徒去執行，

〔註 22〕資料來源：據碧雲寺、三隆宮管理委員提供，可參考「三隆宮戊戌正科平安祭典收支報告」。

〔註 23〕受訪者：蔡文財（男，碧雲寺、三隆宮總幹事），訪談者：黃永財，地點：屏東縣琉球鄉碧雲寺，日期：2019 年 7 月 20 日。

〔註 24〕戴文鋒：《重修屏東縣志·民間信仰》（屏東市：屏東縣政府，2014 年 11 月），頁 89。

例如神轎的轎班、神將，民俗的宋江陣等。更是傳統民俗表演技藝傳承，如小琉球迎王祭典中的十三太保、五毒大神的神將，都有深澳的裝扮及表演藝術，如神將臉上畫妝，神衣設計及穿著，行走禮儀的手勢、腳步及臉部表情，都是先民創作的智慧結晶。燃燒王船被批評浪費，只為了「迷信」兩字，抹殺民間信仰文化，而我們是否應該從不同角度去看待迎王祭典的功能及意義。

小琉球三隆宮王爺信仰及迎王祭典的社會功能。三隆宮是臺灣沿海典型王爺信仰，主要是與島上住民從事漁業生活有關，即使現今小琉球住民從事漁業工作減少，轉而發展島上風景及海域觀光，畢竟是離島並且四面環海，唯一出入靠著海路往來，人們對海上不可測的風險，還是有求神明護佑，尤以三隆宮池、吳、朱王爺信仰為依靠。因此，漁民出海作業前，到三隆宮求王爺保佑平安，向混元法舟及鎮殿王船添載，祈求漁獲滿載平安歸航，住民往返小琉球與臺灣本島能夠平安，這都是安定人心的社會功能。

小琉球三隆宮三年一科的迎王祭典，是凝聚小琉球人團結意識。移居島外的小琉球人，錯過年度碧雲寺觀音佛祖聖誕慶典，三年一科小琉球迎王，一般上是不能再錯過的，如回鄉擔任神轎的轎班，是無比光榮及傳承的意義，借著迎王回故鄉與親友短暫相聚，共同擔任迎王祭典的工作，不分年齡、身分，團結和諧相處幾天，同吃大鍋飯菜，同甘共苦，完成神聖任務，這就是小琉球迎王的社會功能及意義。

小琉球迎王是全鄉性的動員，國中、國小學校為配合慶典活動，將學期上課作調整，讓他們也能參與迎王活動，因此島上的學生對迎王信仰及民俗並不陌生，做到在地信仰文化的傳承及教育功能。雖是如此，高中以後，到島外就學形成移居在外，留居島上者少，轎班傳承面臨後繼無人困境，已由外籍勞工擔任轎班，這是小琉球人力的斷層，亟待小琉球人應該嚴正面對，否則將來迎王或其他慶典活動，將會變調而失去原有的文化。

綜觀，小琉球的海域或島上觀光，以及迎王祭典的盛名，成就了琉球鄉經濟發展，由默默無聞而曾被忽視的小島，一朝成為觀光名勝的「海上樂園」。小琉球迎王祭典的盛名，是鄉人自己努力打拚團結，秉持先人的遺志傳承，共同打造的「小琉球三隆宮迎王平安祭典」的名望。尤令人感佩的是鄉人，不論分枝散葉在何處，迎王祭典期間，回鄉參與抬轎，【圖 7-8】，或隨香，還是準備珍饈、點心、水果，犒勞鄉民，都是自發性的，是個團結意

識。因此，小琉球的迎王祭典不但是民間信仰的傳承，更是具有民俗、文化、教育、社會的功能及意義。

圖 7-8：小琉球戊戌正科迎王遶境隊伍

【黃永財拍攝：2018/11/13】

（二）小琉球戊戌正科（2018）迎王祭典回顧及展望

小琉球戊戌正科（2018）迎王祭典，在王醮法會、大普渡的儀式後，正式全島總動員。請王前的「遶巡海島」（遼港腳），是個特別的儀式，獨具特色。遶巡海島的意義及目的，因為小琉球四面環海，在信仰中認為有漂流之靈，不論有形無形的，亦必隨之而至，深怕擾亂小琉球海域的安寧，所以在請王前進行，以達到淨化妖氛，超拔冤靈，蘊含祈求住民平安，漁獲豐收，固守海疆的意義。除此之外，人們欲參加小琉球迎王祭典，必須坐船登島並無他法，對於住民或外來遊客有穩定人心的功能。

「請王」，即是迎接代天巡狩大千歲等王駕降臨之義。民間信仰中，信徒將想像的千歲爺迎請到小琉球視察。請王儀式，在當日中午時分，琉球鄉所有宮廟的神轎及轎班集結在白沙尾中澳沙灘，神轎依序排列。從當時現場來看，確實像古代帝王巡視地方的排場。除此之外，當筆者做神轎及轎班的記錄時，聽到每頂神轎的轎班對話，他們是許久未見的親戚、朋友、同學、鄰居等關係，大家話家常，有如家族會、同學會，每個人坐在沙灘開懷暢談，感覺請王儀式不但將鄉內神轎及神明聚集的盛況，也為小琉球的人們，舉辦一場「大型宗教派對」，其功能是將散落各地方的小琉球人凝聚起來。【圖 7-9】

圖 7-9：小琉球三隆宮戊戌正科中澳沙灘請王

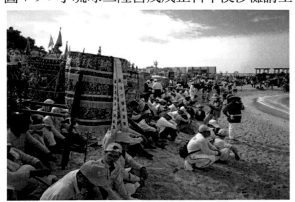

【謝沛蓁拍攝：2018/11/12】

　　小琉球三隆宮迎王祭典，稱「沿海型迎王」。〔註25〕筆者認為，稱「海島型迎王」更為貼切。其迎王祭典是全鄉全島性質的活動，組織架構由「迎王平安祭典會」與鄉內兩座公廟及四角頭的福德正神廟共組祭典中心。

　　四天遶境分四角頭進行，四角頭的福德正神廟扮演迎王祭典活動重要角色。當天遶巡該角頭，由角頭福德正神廟負責帶領該角頭的寺廟，擔任地主，負責招待所有轎班及香客的餐點。中餐是一桶又一桶真材實料的美食，除此，該角頭的住民在家門口提供小點心、飲料、香菸、檳榔，還有提神飲料等，都是大方主動獻上。【圖 7-10】「遊府吃府，遊縣吃縣」，這是古早民間信仰流傳下來，其意是犒饗代天巡狩千歲爺及所帶來的千軍萬馬。實質上是提供轎班為主的佳餚，因此，小琉球迎王祭典的遶巡，由角頭福德正神廟及角頭的寺廟、住民等，共同撐起的場面。角頭廟、角頭的寺廟，是一個中心處，一切還是要靠住民同心協力，所以，迎王祭典的遶境，具有拉近小琉球每一角頭，人與人之間的感情，角頭團結意識的功能。

　　轎班的午餐，各角頭主辦單位覺得有必要再檢討。筆者在小琉球迎王祭典（戊戌正科）後，進行各角頭福德正神廟訪談，主事者提出轎班的午餐意見，希望由三隆宮收回辦理，主因經費問題，另外品質不容易控管，還有菜色分配等意見。〔註26〕前述問題，角頭廟已經向迎王祭典主事單位反映多年，但還是維持原有方式，其因是先民所留傳迎王餐點供應的特色，並且借由各

〔註25〕王俊凱：《屏東地區迎王祭典之研究──以下淡水溪和隘寮溪流域為主》（新北市：國立臺北大學民俗藝術研究所碩士論文，2009 年 8 月），頁 89。
〔註26〕受訪者：許真念（小琉球福泉宮、騰風宮、老人會總幹事），訪談者：黃永財，地點：屏東縣東港華僑市場，日期：2019 年 4 月 5 日。

角頭負責，可以增進該角頭住民的參與感，同時每一角頭對餐點品質當會費盡心力準備，有互相較勁的意味。如果由三隆宮統一辦理，可能比不上各角頭菜餚的品質。也難怪各角頭主事者就說：「輸人不輸陣，輸陣歹看面」，其意是面子問題。迎王遶境轎班在休息中用餐情景，有如古代的「千軍萬馬」在外行軍野餐。迎王遶境隊伍不是軍隊，軍隊有軍紀，但轎班不是軍隊，要控管好整個場面是件不容易的事。【圖 7-11】

圖 7-10：遶巡大寮角住民提供飲　　　圖 7-11：遶巡大寮角的午餐炒米粉
　　　　　料（三隆宮戊戌正科）　　　　　　　　（三隆宮戊戌正科）

　　　【黃永財拍攝：2018/11/13】　　　　　【黃永財拍攝：2018/11/13】

　　小琉球迎王祭典在遶境時的辦案概分三種：一是冊封，是對各神明請求冊封的衡量與執行；二是辦案，針對人情世事疑難的解決；三是看診，針對身體疑難雜症的建議。〔註 27〕冊封就是對神明的神格位階提升，同時廟格也升等。小琉球陰廟眾多，許多神明原供奉在小祠，或原神格不高，借由三年一科大千歲巡察，請求冊封。也只有經過冊封才能取得信眾及住民的認同，如騰風宮大眾爺，據〈騰風宮大眾千歲廟誌〉記載：某科迎王，代天巡狩大千歲，察巡蒞此，奉玉旨敕封「大眾千歲」。又如杉福村萬年宮，據〈萬年宮廂房新建工程碑誌〉，其記載：本宮主神於乙未年，代天巡狩趙大千歲，敕封為「萬將千歲」，為使絡繹不絕之信眾，參香膜拜便利，特擴廂房及廟埕。因此，小琉球的陰廟小祠逐一升格，藉著大千歲冊封，想擺脫陰廟的性質，再開創新局面。

　　小琉球的王船是「漁王船」的特色，因為有著討海人的思維，在造船師傅及彩繪師的精湛工藝之下，造出藝術及信仰的價值。王俊凱的碩士論文《屏

〔註 27〕參用未出版的《三隆宮廟誌》，頁 50。

東地區迎王祭典之研究——以下淡水溪和隘寮溪流域為主》認為：「於 1994
年開始出現『王船祭』的名詞，但在整個平安祭典來說，我們可以說王船是
要角，但絕對不是主角，而王船碩大華麗也是近年來的事，況且王船僅為恭
送千歲爺時的一種交通工具。」〔註28〕

　　王俊凱認為「平安祭典，王船是要角，但絕對不是主角。」筆者認為此
話需商榷。如果以小琉球迎王祭典來說，小琉球是個海島型的迎王，造王船
除了恭送千歲爺離島的功能之外，具有掃除瘟疫帶走島上穢氣，穩定小琉球
的人心，具有社會功能。小琉球能獨立自辦完整迎王，就是建造王船，據戴
文鋒的《重修屏東縣志·民間信仰》中指出：「法舟指示三隆宮必須自造王船，
因此乙丑科成為琉球『獨立迎王』的首科。」〔註29〕因此，以屏東東港迎王
系來看，東港東隆宮、小琉球三隆宮、南州溪州代天府皆建造王船迎王，沒
有王船就沒有完整的迎王祭典。況且王船在迎王期間，有王船遶境，所到之
處受住民、信徒崇拜、添載等信仰，王船是有形的實體物，其過程是可以看
到的，如王船製作、王船奉祀、王船遶境、添載。【圖 7-12、圖 7-13】燃燒王
船、送王等儀式，王船是無形的信仰。因此筆者認為王船並不是要角而已，
王船與王爺都是整個迎王祭典的主角，所以王船遶境排在迎王活動中，最後
出場的角色，嚴格說，它是「主角之一」，它是「有形及無形」的信仰。

圖 7-12：王船泊碇大福福安宮（三隆宮戊戌正科）

【黃永財拍攝：2018/11/17】

〔註28〕王俊凱：《屏東地區迎王祭典之研究——以下淡水溪和隘寮溪流域為主》（新
　　　　北市：國立臺北大學民俗藝術研究所碩士論文，2009 年 8 月），頁 93。
〔註29〕戴文鋒：《重修屏東縣志·民間信仰》（屏東市：屏東縣政府，2014 年 11 月），
　　　　頁 111。

圖 7-13：王船泊碇天南福安宮（三隆宮戊戌正科）

【黃永財拍攝：2018/11/17】

　　小琉球迎王祭典在王船遶境後，進行「宴王」。王府內陳列佳餚，由內司將菜餚一一陳遞給大總理跪進酒食，呈請眾千歲爺享筵，感謝這段時間的辛勞，藉以餞別。接著是凌晨送王，由道士團舉行拍船醮科儀，再出發到白沙尾中澳沙灘，進行送王。如《諸羅縣志》記載：「醮畢，盛席演獻，執事儼恪，跽進酒食；既畢，乃送船入水，順流揚帆以去。」〔註30〕小琉球的宴王儀禮都遵從古禮行之。而送王與請王同一地點，就所謂從哪裡請來就從哪裡送別。【圖 7-14】

圖 7-14：小琉球三隆宮戊戌正科中澳沙灘送王（燃燒王船前的準備）

【黃永財拍攝：2018/11/18】

〔註30〕清・周鍾瑄主修：《諸羅縣志》（臺北市：遠流出版事業股份有限公司，2005年6月，一版），頁232。

　　綜觀上述為小琉球三隆宮迎王祭典的民俗信仰特色，其意義是藉著三年一科大千歲爺出巡轄域，到小琉球綏靖地方。如今冠狀病毒疾病（COVID-19）疫疾是全球性的，至今尚是嚴峻，本年又適逢辛丑正科（2021），是屏東東港系的三大迎王平安祭典的大科年，其迎王日期按往年來的慣例依序為：東港東隆宮、小琉球三隆宮、南州溪州代天府。但辛丑正科（2021）三大迎王平安祭典的日期有所改變〔註31〕。即於本年（民國110年〔2021〕）秋冬陸續舉辦，將面臨冠狀病毒疾病（COVID-19）疫疾傳染的考驗。

　　冠狀病毒疾病（COVID-19）疫疾傳染已有一段很長時日，全球疫情甚是嚴重，先進國家疫苗雖是陸續研發出來，人民開始接打疫苗，但還是嚴峻。回顧古早醫技不發達年代，先民對瘟疫的醫療束手無策，只有仰賴宗教信仰，借著神力祛除瘟疫，造王船作王醮，送王船，用想像的神驅除瘴癘瘟疫。

　　小琉球戊戌正科（2018）大總理的話：「迎王祀典相傳沿自閩省民俗，早年各地疫病流行，臺省為甚，因醫學不發達苦無對策。本鄉地處偏隅，醫療人員與設施均告闕如，四邊環海，且自先民即以漁業為生，海象有時一日數變，魚收豐缺亦非己力所能掌控！且漁船設備簡陋，捕魚器具大異於今日，所以島民生命，營收多寡全繫於神明扶佑。」〔註32〕在冠狀病毒疾病（COVID-19）未發生前，人們認為王船祭典是迷信，而如今醫技發達時代，冠狀病毒疾病（COVID-19）令全球陷入困境，如果用同理心看待，古早的先民造船作醮送瘟的宗教信仰，是否達到「除疫」效果不得而知，不過是「沒辦法中的辦法」。

　　迎王祭典，它是宗教信仰，是具有信仰文化，民俗信仰的特色，小琉球三年一科迎王具有前述之外，同時具有經濟及社會、教育等具體面的功能及意義。所以迎王祭典信仰歸信仰，面對冠狀病毒疾病（COVID-19）疫疾還是要配合政府防疫政策。如要舉行辛丑正科（2021）迎王祭典，還是要有全盤防疫計畫，不要讓民間王爺的信仰受創，人們的安全出問題，做到雙贏局面，讓「迎王平安祭典」，神、人都平安。

　　三隆宮辛丑正科（2021）迎王平祭典，因疫情臨時通知變更日期，特在

〔註31〕辛丑正科（民國110年〔2021〕），屏東三大迎王平安祭典日期：小琉球迎王，農曆9月3日～9月9日（國曆10月8日～10月14日）。東港迎王，農曆9月19日～9月26日（國曆10月24日～10月31日）。南州迎王，農曆10月13日～10月18日（國曆11月17日～11月22日）。

〔註32〕屏東縣《琉球鄉三隆宮戊戌正科（2018）平安祭典會工作手冊》，頁14。

此處作補充，如下【圖 7-15】：

圖 7-15：三隆宮辛丑正科（2021）迎王平祭典變更日期公告

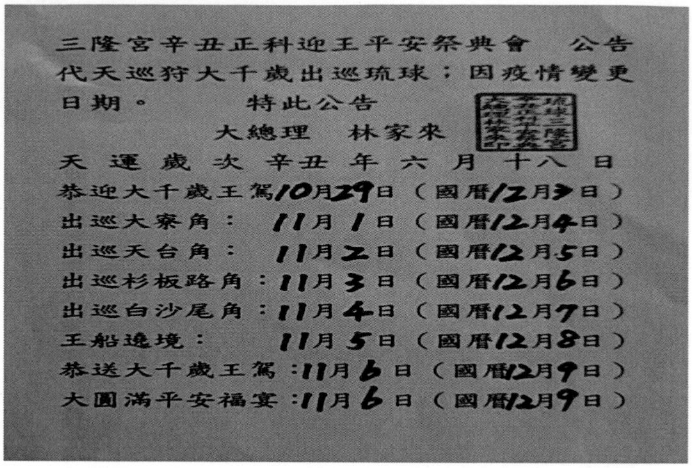

三隆宮辛丑正科迎王平安祭典會　公告
代天巡狩大千歲出巡琉球；因疫情變更
日期。　特此公告
大總理　林家來
天運歲次辛丑年六月十八日
恭迎大千歲王駕10月29日（國曆12月3日）
出巡大寮角：11月1日（國曆12月4日）
出巡天台角：11月2日（國曆12月5日）
出巡杉板路角：11月3日（國曆12月6日）
出巡白沙尾角：11月4日（國曆12月7日）
王船遶境：11月5日（國曆12月8日）
恭送大千歲王駕：11月6日（國曆12月9日）
大圓滿平安福宴：11月6日（國曆12月9日）

資料來源：蔡文財提供【黃永財翻攝：2021/7/25】

三、小琉球角頭廟的職能及功能

小琉球角頭廟，是四角頭福德正神廟：白沙尾福泉宮、大寮大福福安宮、天臺天南福安宮、杉板路上杉福安宮。並且有四座附屬陰廟：白沙尾騰風宮、大寮萬聖府、天臺萬善堂、杉板路萬年宮。

小琉球四角頭福德正神廟及附屬陰廟，在小琉球研究上是被忽略的，除了鄭華陽編著《字繪琉嶼——琉球信仰側記》中，特別對白沙尾福泉宮及騰風宮有研究。黃慶祥著《古典小琉球》中，介紹杉板路上杉福安宮。除此甚少在相關小琉球研究，對祂們著墨，如有的話只有短短幾個字。

依小琉球整個民間信仰來看，地方上兩座公廟碧雲寺及三隆宮，前者是小琉球地方信仰中心，亦是總管理處，所以管理委員會設在碧雲寺。後者是迎王信仰中心，操辦整個迎王祭典，大科年大千歲王爺們的王府臨時行館。然而小琉球的先民，在彈丸小島上，對於民間信仰上有遠見，可能預知將來島上將是寺廟林立，將會由小祠小廟不斷重塑建造大廟，有須要做職能的劃分。把兩座公廟管理職權再劃分出四個區塊（角頭），由該區的土地神負責總管該地區的寺廟，非常符合土地公的民間信仰職能。例如，白沙尾的朝慈宮（天上聖母）、幸山寺（主祀廣澤尊王）。大寮的南天宮（主祀齊天大聖）、南山巖王母宮金都府（主祀二元帥）。天臺的姚池宮（主祀姚池千歲）、五池宮（五府千歲）。杉板路的黃隆宮（主祀黃府千歲）、三興宮（主祀黃府千歲）

等，前述都是小琉球地方上建造規模不小的寺廟，其神明有媽祖、王爺、千歲、元帥等，按神格在臺灣民間信仰上高於土地公，但是在小琉球卻是受於角頭廟福德正神管轄之下。

四角頭福德正神廟，在小琉球民間信仰及慶典上是撐起整個場面的重要角色。信仰上，扮演該角頭的總管廟，雖民間信仰土地公神格位階不高，但是在小琉球的角頭廟福德正神是負責管理一角頭的總管神。另外，由於小琉球的陰廟眾多，大多是水流公性質，因此信仰上，每一角頭有一座陰廟，負責管理該角頭的陰祠小廟，並編制該角頭福德正神廟之下。換句話說，一角頭一座福安宮；一座陰廟，其職能劃分，前者負責管理該角頭的寺廟，後者管理陰祠小廟，所以信仰上是神廟（神）的職能分工。

迎王祭典遶境，早期各角頭的神轎，都必須先到各角頭的福安宮集合，再由該角頭福德正神率領到三隆宮，現今改由各神轎自行前往，其因是怕誤了遶境隊伍出發時刻。早期的做法有如部隊集合，是個有紀律的規定，角頭的神轎與轎班「團出團進」，是一種角頭團結意識功能的表現。

當遶境該角頭時，由該角頭福德正神為先導。祂是個地主身分，福德正神的神轎到本廟（福安宮）後，留在本廟迎接大千歲聖駕，再引領大千歲繼續遶境該角頭。遶境中餐由該角頭負責，由福德正神廟統籌「千軍萬馬」的轎班用餐，盡地主之誼。同時四角頭福安宮為辦案的「府衙」，接受鄉民預約掛號，頭筆〔註33〕辦案約在下午14時30分左右，駐在角頭福安宮接受辦案。

過火儀式，是請王之後一項民俗信仰活動，約晚上20時左右，在三隆宮廟埕舉行，如果沒有四角頭福德正神廟加入，過火隊伍只有三隆宮先鋒隊、大千歲、二千歲、三千歲、四千歲、五千歲、中軍府等神轎，陣容太單薄。有四角頭福德正神廟參加，加強陣容聲勢，而且過火隊伍數量剛好，不多不少，時間上的控制可以順利進行下一個儀式。

每年碧雲寺觀音佛祖聖誕，年度演大戲，四角頭除了天臺以外，其他三角頭的福德正神廟及附屬陰廟，都有演戲兩天。尤其最後演出在白沙尾的福泉宮及騰風宮，並且由騰風宮的大眾千歲負責「迓後收尾」，就是把信仰上所謂的「無形的」（孤魂野鬼）做一個控管約束，不可到處遊蕩，這是騰風宮的大眾千歲的職能及功能。杉板路的萬年宮萬將千歲，其職能負責管理該區域的陰廟，並護佑杉福漁港附近海域安全的功能，如臺、韓籍潛水客溺水事件，

〔註33〕頭筆：兩人一組，一前一後共扛一輦桿，前方裝有如牛角狀，用紅布纏住。

由萬將千歲處理。而大寮的萬聖府及天臺的萬善堂,同樣都是具有前述的職能及功能。

綜觀小琉球四角頭廟的福德正神,在民間信仰上,原是管理地方上小範圍小區塊的神明,神格位階低,但祂是島上僅次於碧雲寺、三隆宮的廟宇,在小琉球寺廟林立中,信仰上排行第三的神廟。連白沙尾的中福村的城隍廟,其位階都未能超越福泉宮。因此,不得不佩服小琉球的先民,能將島上神廟的職能及功能做劃分,現今的小琉球人也遵照先民的信仰管理階層行之。雖然信仰上是以神的旨意為依歸,但是所有的一切,操之在人,唯有善念才能將神的職能及功能造福信眾。

第三節　研究省思與展望

本書的研究過程中,進行田野調查,以期觀察傳說最新的流傳發展如何,其目的在期望能夠尋找琉球鄉地方傳說的集體記憶。在小琉球田野調查的期間,聽到的幾乎是烏鬼洞傳說、白燈塔傳說、小琉球地理傳說,受訪者對於前述的傳說皆能侃侃而談。雖然每一位說故事者的內容未必全然相同,但傳說故事大致不離主體的風物、人物、地點,例如烏鬼洞傳說,洞穴(風物)、烏鬼、荷蘭人(人物)、烏鬼洞風景區(地點),即刻體會到傳說在民間的力量,因為早期島上的長輩所受教育不高,又早年長期從事海上工作,充分顯示了民間傳說在人們記憶中的份量,例如白燈塔傳說,這個是靈異傳說,島上老一輩的,有人肯說故事,但是不願意前往白燈塔;有的肯去,到了黃昏太陽下山時,一刻也不肯多留,立刻離開,顯示民間傳說的力量。

田野調查是研究民間文學者,非常重要的工作,藉著田野調查從中獲得來自民間的第一手資料,但是並非每次田野調查都能夠如願取得想要的議題,可能幾乎空手而歸,不過把它當作建立人際關係的走訪。對於琉球鄉地方傳說的田野調查,有的傳說風物形體存在,但是文獻資料是薄弱的,例如山豬溝傳說、花瓶石傳說、倩女臺傳說等,文獻記載匱乏之外,進行走訪踏查,面臨到的是,該區域住民竟不知有傳說的故事。只好折返到碧雲寺或三隆宮請教地方耆老〔註34〕,熱心的小琉球人,當場連絡可能知道某傳說故事的住民,但是幸運之神並未降下,常連絡不到人,有的外出看病;有的已移居;有的

〔註34〕碧雲寺或三隆宮,幾乎上午會有地方耆老泡茶聊天,可向他們請教。

外出辦事等，使某部分單元的研究日後再行追蹤。為何島上住民對前述（山豬溝傳說、花瓶石傳說、倩女臺傳說）幾個傳說會如此陌生！主要是未能與民眾生活有關聯性，因此就不能增強並延續傳說。所以對於風物傳說的研究成果，未能做到預期的目標。

　　小琉球的神明傳說，筆者的研究方向採以廟宇傳說為主。因為訪談許多島上住民，大多是個人靈驗，並非集體傳說，因此資料整理之後，發現似乎作用不大，又一次建立人際關係的走訪。雖是如此，無形中建立彼此的認識，例如在碧雲寺外面涼亭的圓桌，常聚集年長女性們，所訪談的內容是談到個人或家人，如何受到觀音佛祖護佑，雖然是個人的靈驗信仰，但是可以從中暸解到碧雲寺觀音佛祖的靈驗，是深埋再深埋小琉球人的心中。

　　琉球鄉公所及大鵬灣國家風景管理處，在小琉球風景區各景點都立有導覽簡介公告，如果能將相關傳說也立於各景點，應該可以增進觀光旅遊的內涵，同時將琉球鄉地方傳說傳於島外。借助景點公告，將提升小琉球人文層次，達到傳說流傳的功能。

　　小琉球碧雲寺年度觀音佛祖聖誕及三隆宮三年一科迎王平安祭典，地方上兩大慶典，是田野調查行動效率的考驗，因為慶典中有許多是遶行前進，不像地方風物是固定的，所以對於許多鏡頭的捕捉，必先作功課免於遺漏，但還是無法瞻前顧後，達到預期想要的成果。例如，迎、送天公爐，當相關人員進入爐主的厝內，觀看儀式的進行，在厝外「熱鬧陣」（如舞龍舞獅、鼓陣）及信徒的活動持續進行，只能擇一進行記錄。有些儀式的進行，由於身分的關係，未能隨行或進入，例如，「遶巡海島」（遶港腳），神轎及轎班上漁船遶行小琉球海域，由於不是轎班或相關人員，未能上船體驗，只能在岸邊等待返航，不過卻有機會記錄兩座公廟神轎離港及入港的順序及時間。另外一項，就是宴王，不是祭典會相關人員不可進入王府，因此只能在外面用鏡頭捕捉，再訪談相關人員〔註35〕，也造成許多儀式未能完整記錄，這都是身分上的不同，帶來不便，在研究上似乎有不完整的遺憾。

　　綜言之，對於「琉球鄉地方傳說及信仰」的研究，到目前〔註36〕是持續

〔註35〕陳彥伯，是擔任戊戌正科（2018）祭典會內司，東華大學畢業，相關王府內的儀式，請他的說明，解決筆者疑惑。

〔註36〕民國 110 年（2021）3 月 1 日 8 時，在三隆宮舉行團拜並稟報辛丑正科（民國 110 年〔2021〕）迎王日期。本日 9 時開始擲筊擇迎王日期，經由迎王祭典會大總理林家來擲筊請示，小琉球辛丑正科迎王平安祭典日期：農曆 9 月 3

進行的。由於筆者不是小琉球人，在地緣上就顯得陌生及不方便，雖然歷經三年多，許多次的登島田野調查，想盡辦法深入民間欲取得第一手資料，但是費盡心思，似乎未能有預期效果，也就是至目前所取得資料之後，似乎難有新的突破。例如，「火燒庄」的傳說，只有片段零星資料取得，未能進一步探討研究。又如，瓦厝內蔡家祖墳；廣山隆黃金中所埋葬的地方，都涉及私人風水，因此相關研究只能暫作擱置。

另外，有關迎王祭典的研究，以小琉球迎王祭典來說，筆者是以戊戌科（2018）為研究，前一科是乙未科（2015），後一科辛丑科（2021），前一科未見有研究專著，後一科尚未到來，因此無法將前、後兩科納入探討，也是研究上的缺憾。至於屏東三大迎王，筆者只有完整參與小琉球戊戌科（2018）迎王祭典，並未參加東港及南州兩地迎王（戊戌科［2018］），如果要探討三地區迎王相關議題，必定無法做到，因為沒有實際全程參與，是無法將迎王祭典精髓論述。況且三地區迎王的日期相近，「東港迎王迎完，換小琉球迎，再來是南州迎。」這是極高難度的挑戰，不要說三個地區都參加，參加一個地區迎王，前後 10 天下來，體力精神已是沉重的負荷，何況還要動用他人協助，因此要做到三地區迎王探討，非筆者能力所及，對於小琉球迎王祭典相關研究的成果，未盡理想，筆者實感「心有餘力不足」。

上述曾提到過，小琉球島上迎王祭典的參與，由於筆者的身分是「外來者」（非迎王祭典中相關人員），影響研究的效果，經筆者向蔡文財總幹事提出，他說以後迎王祭典時，就跟隨在他的身邊。如此，辛丑正科（2021）迎王祭典，如果有機會參與，將可以彌補前一科戊戌科（2018）迎王祭典記錄及相關研究不足的地方，期望有更充足的資料研究探討，相信將能有一定的成果。

經過這段時日在小琉球田野調查，對該島已有一定的認識，深感是一個純樸熱情的地方，有幾次機車電瓶沒電，在推車時，小琉球住民主動協助，令人感動。今日能夠略有收穫，全都是小琉球人給予的，因此，筆者亦自我期許以本書作為小琉球民間文學研究再起步，再次勾起研究者對小琉球的興趣，能夠成為琉球鄉地方傳說及信仰的基石。

本書以透過文獻及田野調查所作的研究，由於內容甚廣，其中或許有謬誤之處。資料除了文獻之外，就是田野調查訪談所得，雖訪談者給的資料須

日～9 月 9 日（國曆 10 月 8 日～10 月 14 日）。

謹慎分析，有可能不周全之處，但身為一個研究者應該嚴謹處理，因此尚祈
小琉球人或將來研究者，能給予斧正，期望讓整個小琉球的地方傳說及信仰
研究，能更加完整，利於後者再研究。

參考文獻

一、史　料

1. 漢·許慎撰、清·段玉裁注：《說文解字注》，上海：上海書店，1992 年 6 月，第一版。

2. 後秦·鳩摩羅什譯、明·智旭注：《妙法蓮華經》，哈爾濱：黑龍江人民出版社，1994 年 5 月。

3. 晉·干寶：《搜神記》，北京：中華書局出版，1979 年 9 月，第 1 版。

4. 梁·顧野王：《玉篇》，臺北市：國立中央圖書館，無出版日期。

5. 唐·王仁裕：《開元天寶遺事》，北京：中華書局，1985 年無月。

6. 宋·陳元靚編：《歲時廣記》，臺北市：新文豐出版股份有限公司，1984 年 6 月，初版。

7. 宋·吳曾：《能改齋漫錄》，上海：古籍出版社，1960 年 11 月，第 1 版。

8. 宋·周密：《癸辛雜識》，北京：中華書局出版，1988 年 1 月，第 1 版。

9. 宋·釋文瑩：《玉壺清話》，北京：中華書局出版，1984 年 7 月，第 1 版。

10. 宋·莊綽：《雞肋編》，北京：中華書局出版發行，2010 年 10 月。

11. 宋·洪邁：《夷堅志》，臺北市：明文書局股份有限公司，1994 年 9 月，再版。

12. 元·脫脫等：《宋史》，北京：中華書局出版，1977 年 11 月，第 1 版。

13. 明·謝肇淛：《五雜組》，瀋陽：遼寧教育出版社，2001 年 2 月，第 1 版。

14. 明·秦淮墨客：《楊家將演義》，山西：山西人民出版社，1996 年 9 月，第 1 版。

15. 清・朱駿聲：《說文通訓定聲》〈上冊，謙部第四〉，臺北市：世界書局，1972 年 4 月，4 版。

16. 清・丁紹儀：《東瀛識略》，《臺灣文獻史料叢刊・第七輯》合訂本，臺北市：臺灣大通書局，1997 年 10 月。

17. 清・黃叔璥：《臺海使槎錄》，臺北市：成文出版社有限公司，1983 年 3 月，臺一版。

18. 清・林豪總修、薛紹元訂補：《澎湖廳志》，臺北市：遠流出版事業股份有限公司，2006 年 6 月，一版。

19. 清・靳治揚主修、高拱乾纂輯：《臺灣府志》，臺北市：成文出版社有限公司，1983 年 3 月，臺一版。

20. 清・王瑛曾編撰：《重修鳳山縣志》，南投市：臺灣省文獻委員會，1993 年 6 月。

21. 清・周鍾瑄主修：《諸羅縣志》，臺北市：遠流出版事業股份有限公司，2005 年 6 月，一版。

22. 清・陳文達編纂：《臺灣縣志》，臺北市：臺灣銀行，1961 年 6 月。

23. 清・盧德嘉：《鳳山縣采訪冊》，臺北市：臺灣銀行，1960 年 8 月。

24. 清・夏獻綸：《臺灣輿圖》，南投市：臺灣省文獻委員會，1996 年 9 月。

25. 清・朱仕玠：《小琉球漫誌》，臺北市：成文出版社，1984 年 3 月，臺一版。

26. 清・林豪編纂：《澎湖廳志》，臺北市：臺灣大通書局，1997 年 10 月。

27. 清・陳培桂纂：《淡水廳志》，臺北市：臺灣大通書局，1997 年 10 月。

28. 清・錢大昕：《十駕齋養新錄》，收錄於《四部備要》子部，臺灣中華書局，1981 年 6 月，豪華一版。

29. 清・徐珂編撰：《清稗類鈔》，北京：中華書局，1986 年 7 月，第 1 版。

30. 清・趙翼：《陔餘叢考》，臺北市：世界書局，1978 年 4 月，4 版。

31. 清・胡傳編纂：《臺東州采訪冊》，臺北市：臺灣銀行經濟研究室，1960 年 5 月。

32. 清・潘文鳳主修、林豪總纂：《澎湖廳志稿》，臺北市：成文出版社有限公司，1983 年 3 月，臺一版。

33. 清・倪贊元纂：《雲林縣采訪冊》，南投市：臺灣省文獻委員會，1993 年 6 月。

34. 清‧蔣毓英:《臺灣府志》,南投市:臺灣省文獻委員會,1993 年 6 月。

35. 清‧陳文達編纂:《鳳山縣志》,臺北市:臺灣銀行,1961 年 10 月。

36. 清‧藍鼎元:《平臺紀略》,臺北市:臺灣銀行,1958 年 4 月。

37. 清‧姚瑩:《東槎紀略》,臺北市:臺灣銀行,1957 年 11 月。

二、專　書

1. 《中藥管理法規解釋彙編》,行政院衛生署中醫藥委員會編印,2012 年 8 月。

2. 《續修四庫全書》編纂委員會、復旦大學圖書館古籍部編:《續修四庫全書》,上海:上海古籍出版社,2003 年 5 月,第 1 版。

3. C.E.S 原著、周學普譯、臺灣銀行經濟研究室編輯:《臺灣經濟史三集》,臺北市:臺灣銀行,1956 年 4 月。

4. 丁福保主編:《佛學大辭典》,臺北市:財團法人佛陀教育基金會,2016 年 7 月。

5. 三尾裕子著、林美容翻譯審訂:《王爺信仰的歷史民族誌:臺灣漢人的民間信仰動態》,臺北市:中央研究院民族學研究所,2018 年 12 月,初版。

6. 孔昭明發行:《臺灣府輿圖纂要》,臺北市:臺灣大通書局,1984 年 10 月,第 1 版。

7. 王北岳:《篆刻藝術》,臺北市:漢光文化事業股份有限公司,1987 年 3 月,五版。

8. 王秋桂編:《中國民間傳說論集》,臺北市:聯經出版事業公司,1989 年 9 月,第三次印行。

9. 白雲觀長春真人編纂:《正統道藏》,臺北市:新文豐出版股份有限公司,1995 年 4 月,一版,第 53 冊,正乙部。

10. 白雲觀長春真人編纂:《正統道藏》,臺北市:新文豐出版股份有限公司,1995 年 4 月,一版,第 2 冊,洞真部,本文類。

11. 伊能嘉矩:《臺灣文化志》,臺中市:臺灣省文獻委員會,1991 年 6 月。

12. 伊能嘉矩原著、楊南郡譯註:《臺灣踏查日記》,臺北市:遠流出版事業股份有限公司,1996 年 11 月,初版。

13. 伊能嘉矩編、吉田東伍著:《大日本地名辭書續編》(第三,臺灣),東京:富山房,1909 年 12 月。

14. 吉元昭治:《臺灣寺廟藥籤研究》,臺北市:武陵出版有限公司,1990 年 7 月,初版。

15. 江樹生譯註、蕭瓊瑞主編:《熱蘭遮城日誌》(第一冊),臺南市:臺南市政府,2000 年 1 月。

16. 江燦騰主編、增田福太郎原著、黃有興中譯:《臺灣宗教信仰》,臺北市:東大圖書股份有限公司,2005 年 5 月,初版。

17. 吳福蓮:《小琉球的婦女生活研究》,臺北市:臺灣省立博物館,1993 年 7 月,初版。

18. 吳瀛濤:《臺灣民俗》,臺北市:眾文圖書股份有限公司,1994 年 5 月,一版。

19. 李天富:《小琉球之歌》,高雄市:百盛文化出版股份有限公司,2005 年 10 月,初版。

20. 李亦園:《宗教與神話論集》,臺北縣:立緒文化事業有限公司,1998 年 1 月,初版。

21. 李亦園:《信仰與文化》,臺北縣:華藝數位股份有限公司,2010 年 3 月,初版。

22. 李秀華主編:《交響——作者與讀者的生命對話》,臺北市:新學林出版股份有限公司,2013 年 9 月,二版。

23. 李乾朗:《臺灣古建築圖解事典》,臺北市:遠流出版事業股份有限公司,2016 年 10 月,四版。

24. 李絜基編輯:《田漢戲曲選》,長沙市:湖南人民出版社,1981 年 1 月,第 1 版。

25. 李豐楙:《東港王船祭》,屏東縣:屏東縣政府,1993 年 6 月。

26. 李豐楙總編:《東港迎王——東港東隆宮丁丑正科平安祭典》,臺北市:臺灣學生書局,1998 年 10 月,初版。

27. 村上直次郎原譯、郭輝中譯、李汝和主編:《巴達維亞城日記》(第一、二冊),臺北市:臺灣省文獻委員會,1970 年 6 月。

28. 東港郡役所編:《東港郡要覽》,臺北市:成文出版社有限公司,1985 年

3 月，臺一版。

29. 林文龍：《臺灣掌故與傳說》，臺北市：臺原出版社，1997 年 3 月，第一版。

30. 林美容：《高雄縣民間信仰》，高雄縣：高雄縣政府，1997 年 4 月。

31. 林美容：《臺灣鬼仔古——從民俗看見臺灣人的冥界想像》，臺北市：月熊出版，2017 年 8 月 30 日，初版。

32. 花松村主編：《臺灣鄉土全誌》，臺北市：中一出版社，1996 年 5 月，初版。

33. 邱永年：《臺灣寺廟藥籤考釋》，臺北市：國立中國醫藥研究所，1996 年 12 月，再版。

34. 金關丈夫、國分直一：《臺灣考古誌》，臺北市：武陵出版有限公司，1994 年 12 月，初版。

35. 前島信次著、杉田英明編：《華麗島臺灣からの眺望》，東京：平凡社，2000 年 10 月，初版。

36. 姜佩君編著：《澎湖民間傳說》，臺北縣：聖環圖書股份有限公司，1998 年 6 月，一版。

37. 施添福總編纂、黃瓊慧等撰述：《臺灣地名辭書·卷四屏東縣》，南投市：臺灣省文獻委員會，2001 年 10 月。

38. 洪根深、朱能榮：《臺灣美術地方發展史全集》（高雄地區），臺北市：日創社文化事業有限公司，2004 年 12 月。

39. 洪義詳主修、林澤田總編纂：《琉球鄉志》，屏東縣：屏東縣琉球鄉公所，2006 年 12 月。

40. 洪瑩發：《代天宣化：臺灣王爺信仰與傳說》，新北市：博揚文化事業有限公司，2017 年 9 月，初版。

41. 胡萬川、王長華總編輯：《鳳山市閩南語故事集（一）》，高雄縣：高雄縣立文化中心，1999 年 5 月。

42. 胡萬川：《民間文學的理論與實際》，臺北市：里仁書局，2010 年 10 月，初版。

43. 胡道靜、陳耀庭、林萬清主編：《藏外道書》，成都：巴蜀書社，1994 年 12 月。

44. 宮本延人：《日本統治時代臺灣における寺廟整理問題》，奈良：天理教道友社，1988 年 4 月，初版。

45. 康豹：《臺灣的王爺信仰》，臺北市：商鼎文化出版社，1998 年 10 月，第一版。

46. 張昀浚：《臺灣奇譚：民間地理風水傳說》，臺北市：臺灣書房出版有限公司，2008 年 3 月，初版。

47. 張紫晨：《中國古代傳說》，長春：吉林文史出版社出版，1986 年 7 月，第 1 版。

48. 曹永和：《臺灣早期歷史研究》，臺北市：聯經出版事業公司，1991 年 11月。

49. 連橫：《雅堂文集》，臺北市：臺灣銀行，1964 年 12 月。

50. 連橫：《臺灣通史》，北京：商務印書館出版，1983 年 10 月。

51. 陳奇祿主編：《臺灣風土》（第二冊），臺南市：西港鹿文創社，2013 年10 月，初版。

52. 陳俊吉主修、葉志杰總編纂：《林邊鄉志續編》（上），屏東縣：屏東縣林邊鄉公所，2018 年 12 月。

53. 陳英梅、張菁玲、吳佳源編輯：《書法象線》，高雄市：高雄市政府文化局，2014 年 2 月。

54. 陳益源主編：《臺灣與各地之保生大帝信仰研究》，臺北市：里仁書局，2019 年 4 月，初版。

55. 陳耀庭：《道教禮儀》，北京：宗教文化出版社，2003 年 12 月，第 1 版。

56. 彭衍綸：《風傳人間‧物說春秋——臺灣地方風物傳說的踏查與闡述》，臺北市：里仁書局，2017 年 8 月，初版。

57. 彭衍綸：《高雄遊憩名山傳說研究——以大崗山、半屏山、打狗山為對象》，臺北市：里仁書局，2011 年 1 月，初版。

58. 曾慶國：《彰化縣三山國王廟——客家與福佬客的故事》，臺北市：臺灣書房出版，2011 年 11 月，初版。

59. 黃文車總編輯：《屏東縣閩南語傳說故事集（1）》，屏東市：財團法人屏東縣文化基金會，2010 年 10 月。

60. 黃文博：《南瀛王船誌》，臺南縣：臺南縣文化局，2000 年 2 月，初版。

61. 黃文博:《臺灣信仰傳奇》,臺北市:臺原出版社,1989 年 8 月,第一版。

62. 黃冬富:《臺灣美術地方發展史全集》(屏東地區),臺北市:日創社文化事業有限公司,2005 年 6 月。

63. 黃慶祥:《古典小琉球》,屏東縣:黃慶祥發行,2008 年 10 月,初版。

64. 溫國良編譯:《臺灣總督府公文類纂宗教史料彙編》(明治 28 年 10 月至明治 35 年 4 月),南投市:臺灣省文獻委員會,1999 年 6 月。

65. 達飛聲原著、陳政三譯著:《福爾摩沙島的過去與現在》,臺南市:國立臺灣歷史博物館,2014 年 9 月,初版。

66. 臺灣慣習研究會原著、鄧憲卿主編:《臺灣慣習記事》,臺中縣:臺灣省文獻委員會,1997 年 6 月,再版。

67. 臺灣銀行經濟研究室編輯:《安平縣雜記》,臺北市:臺灣銀行,1959 年 8 月。

68. 臺灣銀行經濟研究室編輯:《臺灣采訪冊》,臺北市:臺灣銀行,1959 年 9 月。

69. 趙莒玲:《臺灣開發故事·南部地區》,臺北市:天衛文化圖書股份有限公司,1998 年 11 月,初版。

70. 劉江:《中國印章藝術史》,杭州市:西泠印社出版社,2005 年 10 月。

71. 劉枝萬:《臺灣民間信仰論集》,臺北市:聯經出版事業股份有限公司,2002 年 8 月,初版。

72. 劉寧顏主編、程大學中文翻譯:《巴達維亞城日記》第三冊,臺中市:臺灣省文獻委員會,1990 年 6 月。

73. 劉還月:《臺灣民間信仰》,臺北市:行政院新聞局,2000 年 11 月,第一版。

74. 劉還月:《臺灣民間信仰小百科〔迎神卷〕》,臺北市:臺原出版社,1997 年 8 月,第一版。

75. 劉還月:《臺灣民間信仰小百科〔廟祀卷〕》,臺北市:臺原出版社,1996 年 11 月,第一版。

76. 劉還月:《臺灣民間信仰小百科〔醮事卷〕》,臺北市:臺原出版社,1997 年 8 月。

77. 劉還月：《臺灣民間信仰小百科〔靈媒卷〕》，臺北市：臺原出版社，1996年11月，第一版。

78. 劉還月：《臺灣的歲節祭祀》，臺北市：自立晚報社文化出版部，1991年8月，第一版。

79. 潘英海、詹素娟主編：《平埔研究論文集》，臺北市：中央研究院臺灣史研究所籌備處，1995年6月。

80. 蔡相煇：《臺灣的王爺與媽祖》，臺北市：臺原出版社，1994年8月，第一版。

81. 蔡瑞吉：《瓦厝內蔡氏族譜》，屏東縣：瓦厝內蔡氏族譜，2014年6月。

82. 鄭志明：《臺灣神明的由來》，臺北市：中華大道文化事業出版部，2001年9月，初版。

83. 鄭志明總編輯：《全國佛剎道觀總覽》，臺北市：樺林出版社，1988年10月，初版。

84. 鄭華陽編著：《字繪琉嶼——琉球信仰側記》，屏東縣：屏東縣立琉球國民中學，2018年10月，初版。

85. 鄭總：《海上明珠——小琉球》，屏東縣：屏東縣白沙國民小學，1991年5月。

86. 蕭放：《歲時——傳統中國民眾的時間生活》，北京：中華書局，2002年3月，第1版。

87. 蕭放：《節慶》，吉林：長春出版社，2016年12月，第1版。

88. 蕭銘祥主編：《屏東縣鄉土史料》，南投市：臺灣省文獻委員會，1996年1月，初版。

89. 遲嘯川、謝哲夫主編：《古文觀止》，臺北縣：漢宇國際文化有限公司，2006年2月，初版。

90. 戴文鋒：《重修屏東縣志·民間信仰》，屏東市：屏東縣政府，2014年11月。

91. 戴昌明彙編：《混元法舟專輯》，臺南縣：玄門弘法聖會，1992年7月。

92. 謝宗榮：《臺灣的王爺廟》，臺北縣：遠足文化事業股份有限公司，2006年1月。

93. 謝宗榮：《臺灣傳統宗教藝術》，臺中市：晨星出版有限公司，2003年9月，初版。

94. 鍾桂蘭、古福祥纂修：《屏東縣志》，臺北市：成文出版社有限公司，1983年3月，臺一版。

95. 鍾敬文：《鍾敬文民間文學論集（下）》，上海：上海文藝出版，1985年6月，第1版。

96. 譚達先：《中國傳說概述》，臺北市：貫雅文化事業有限公司，1993年6月，初版。

三、期刊文獻、期刊論文

1. 吳永英：〈琉球嶼之研究〉，《臺灣文獻》第20卷第3期，1969年9月，頁1～44。

2. 吳史民：〈南鯤鯓廟代天府沿革誌〉第十二卷合刊，臺南縣文獻委員會編輯：《南瀛文獻》，臺北市：成文出版有限公司，1983年3月，臺一版，頁1965～1993。

3. 吳明訓：〈小琉球漁民祭祀「水流公」信仰初探〉《臺灣文獻季刊》67卷第3期，2016年9月，頁129～158。

4. 吳明訓：〈從家族性私廟看小琉球民間信仰的變異〉，《臺灣文獻》第17期，2013年12月，頁243～278。

5. 吳耀輝：〈臺灣外島之經濟〉，《臺灣銀行季刊》第18卷第4期，臺北市：臺灣銀行，1967年12月，頁205～228。

6. 黃永財：〈《歲時雜記》節日食俗（春、夏）初探〉，《文學新鑰》第29期，2019年6月，頁165～212。

7. 王崧興：〈臺灣外島之人口〉，《臺灣銀行季刊》第18卷第4期，臺北市：臺灣銀行，1967年12月，頁195～204。

8. 郭水潭：〈荷人據臺時期的中國移民〉，《臺灣文獻》第10卷第4期，臺北市：臺灣省文獻委員會，1959年12月27日出版，頁11～45。

9. 財團法人無極混元玄樞院：〈混元法舟〉，《玄門雜誌》第50期，臺南縣：玄門雜誌社，1984年7月。

10. 三尾裕子：〈臺灣漢人の宗教祭祀と地域社會〉，《國立民族學博物館研究報告別冊》，大阪：國立民族學博物館，1991年3月29日，頁103～134。

11. 曾有德：〈琉球嶼概況〉，《臺灣銀行季刊》第18卷第4期，臺北市：臺灣銀行，1967年12月，頁269～279。

12. 戴文鋒：〈臺南地區民間無祀孤魂轉化為神明的考察〉，《臺灣史研究》第18卷第三期，中央研究院臺灣史研究所，2011年9月，頁141～173。

13. 葉茂謝：〈琉球嶼之經濟地理及其未來的展望〉，《臺灣銀行季刊》第37第3期，臺北市：臺灣銀行，1986年9月，頁329～360。

14. 林朝棨：〈臺灣外島之地質〉，《臺灣銀行季刊》第18卷第4期，臺北市：臺灣銀行，1967年12月，頁229～256。

15. 彭衍綸：〈澎湖七美望夫石傳說的形成、聯繫、流傳歷史〉，《臺灣文學研究學報》第四期，臺南市：國家臺灣文學館籌備處，2007年4月，頁189～225。

16. 邱彥貴：〈三山國王是臺灣客屬的特有信仰？——粵東移民原居地文獻考察的檢討〉，《中央研究院臺灣史田野研究通訊）23期，1992年。

17. 釋紹和：〈媽祖與觀音間的模糊地帶〉，《問哲》第七期，新北市：華梵蓮華佛學研究所，2019年6月，頁26～35。

四、學位論文

1. 王文亮：《臺灣地區舊廟籤詩文化之研究——以南部地區百年寺廟為主》，臺南市：臺南師範學院文化研究所碩士論文，1999年。

2. 王俊凱：《屏東地區迎王祭典之研究——以下淡水溪和隘寮溪流域為主》，新北市：國立臺北大學民俗藝術研究所碩士論文，2009年8月。

3. 李宗信：《小琉球的社會與經濟變遷（1622～1945）》，臺南市：國立臺南師範學院臺灣文化研究所碩士論文，2004年1月。

4. 張簡雅芬：《琉球鄉碧雲寺觀音信仰探究》，臺東縣：國立臺東大學華語文學系臺灣語文教師碩士班碩士論文，2010年。

5. 陳鈺淑：《屏東縣琉球鄉碧雲寺的籤詩信仰文化研究》，屏東縣：屏東教育大學中國語文學系碩士論文，2011年。

6. 蔡詩雯：《小琉球的語言、史事與民俗研究》，高雄市：國立高雄師範大學臺灣文化及語言研究所碩士論文，2007年。

五、成果報告

1. 私立樹德科技大學（提案單位）：《98琉球嶼尋根之路——移墾探究——清領與日治時期的移墾成果報告》，屏東縣：屏東縣琉球鄉公所（招標

單位），2010 年 1 月。

2. 國立高雄師範大學（提案單位）：《99 琉球鄉討海子民信仰暨王船祭研究計畫第三期——私廟信仰研究成果報告》，屏東縣：屏東縣琉球鄉公所（招標單位），2010 年 9 月。

3. 國立高雄師範大學（提案單位）：《琉球鄉討海子民信仰暨王船祭研究期中報告》，屏東縣：屏東縣琉球鄉公所（招標單位），2008 年 4 月。

4. 國立高雄師範大學（提案單位）：《琉球嶼尋根之路——移墾探究成果報告》，屏東縣：屏東縣琉球鄉公所（招標單位），2008 年 8 月。

六、報　紙

1. 《臺灣日日新報》第 90 號，明治 31 年（1898）8 月 19 日，第五版。資料來源：臺灣文學館。

2. 《漢文臺灣日日新報》明治 40 年（1907）3 月 3 日，第 2648 號（五），「球嶼沿革」。資料來源：東華大學圖書館（電子資料庫）。

3. 《漢文臺灣日日新報》，明治 38 年（1905）8 月 6 日，第 2179 號，「易樓為閣」。資料來源：東華大學圖書館（電子資料庫）。

4. 《臺南新報》昭和 9 年（1934）5 月 15 日，第四版。資料來源：臺灣文學館。

5. 《臺南新報》第 8328 號，大正 14 年（1925）4 月 24 日，第五版。資料來源：臺灣文學館。

6. 《臺南新報》昭和 9 年（1934）4 月 23 日，第四版。資料來源：臺灣文學館。

七、網路資料

1. 交通部中央氣象局，網站：
https://www.cwb.gov.tw/V7/knowledge/encyclopedia/ty038.htm。2019 年 1 月 25 日。

2. 琉球島陸地、海域全覽，郭建宏攝影／屏東縣政府提供，網站：
https://udn.com/news/story/7153/2529838。2020 年 2 月 22 日。

3. 屏東縣東港戶政事務所（屏東縣琉球鄉歷年來戶數及人口數），網站：
https://www.pthg.gov.tw/DONGGANG-HOUSE/News_Cus2.aspx?&n=39

82FFA160188BBE&CategorySN=1425&sid=376537200A。2019 年 11 月 23 日。

4. 維基百科，網站：

https://zh.wikipedia.org/zh-tw/琉球鄉。2021 年 7 月 19 日。

八、寺廟資料

（一）碑　文

1. 屏東縣琉球鄉〈碧雲寺廟碑文〉（舊碑文）。

2. 屏東縣琉球鄉〈碧雲寺碑誌〉（新碑文）。

3. 屏東縣琉球鄉〈三隆宮碑銘〉（舊碑文）。

4. 屏東縣琉球鄉〈三隆宮碑誌〉（新碑文）。

5. 屏東縣琉球鄉〈福泉宮碑誌〉。

6. 屏東縣琉球鄉〈騰風宮大眾千歲廟誌〉。

7. 屏東縣琉球鄉〈天南福安宮重建落成記要〉。

8. 屏東縣琉球鄉〈萬善堂重建碑文〉。

9. 屏東縣琉球鄉〈山花堂信徒樂捐芳名錄碑文〉。

10. 屏東縣琉球鄉〈上杉福安宮碑誌〉。

11. 屏東縣琉球鄉〈萬將元帥廟誌〉。

12. 屏東縣琉球鄉〈萬年宮廟房新建工程碑誌〉。

13. 屏東縣琉球鄉〈廣山隆源史〉。

14. 屏東縣琉球鄉〈水興宮建廟沿革碑文〉。

15. 屏東縣東港鎮〈東港鎮靈宮沿誌〉。

16. 高雄市大樹區〈麻竹園崑崙宮〉。

17. 高雄市田寮區〈清龍山寺沿革〉。

18. 高雄市梓官區〈赤慈宮碑記沿革〉。

19. 高雄市梓官區〈蚵子寮通安宮重建竣工碑記〉。

20. 高雄市梓官區〈觀海府沿革史〉。

21. 高雄市旗津區〈福壽宮廟史〉。

22. 高雄市鳥松區〈大將廟沿革記〉。

23. 臺南市關廟區〈無極混元玄樞院碑文沿革〉。

（二）紙　本

1. 《屏東縣琉球鄉碧雲寺、三隆宮概況》，第五屆管理委員會製，1999 年
   4 月。

2. 許春發編撰：《小琉球碧雲寺觀音佛祖靈感錄（1）》、《小琉球碧雲寺觀音
   佛祖靈感錄（2）》，屏東縣：小琉球碧雲寺管理委員會，無出版日期。

3. 屏東縣《琉球鄉三隆宮丁丑正科（1997）平安祭典會工作手冊》。

4. 屏東縣《琉球鄉三隆宮乙未正科（2015）平安祭典會工作手冊》。

5. 屏東縣《琉球鄉三隆宮戊戌正科（2018）平安祭典會工作手冊》。

6. 屏東縣《三隆宮戊戌正科（2018）平安祭典財務組報告》。

7. 屏東縣琉球鄉〈華山代天宮沿革〉。

8. 屏東縣恆春鎮高山巖管理委員會：《屏東縣恆春鎮高山巖福德宮》，2020
   年印。

9. 屏東縣南州鄉朝清宮《親王府沿革誌》。

10. 高雄市小港區〈鳳儀宮沿革史〉。

11. 《臺南市南勢街西羅殿管理委員會》手冊。

九、其　他

1. 「臺灣省屏東縣琉球鄉宗教調查表」民國 48 年（1959）：臺灣省文獻委
   員會。

2. 「臺灣省屏東縣恆春鎮宗教調查表」民國 48 年（1959）：臺灣省文獻委
   員會。

3. 「臺灣省屏東縣寺廟登記表」民國 53 年（1964）6 月，屏寺廟登字第 249
   號。

4. 小琉球王船組著作、鄭華陽編纂：《船心傳藝──乙未正科王船建造紀錄
   手冊》（無出版地、出版社、日期）。

5. 曾正雄：《海上樂園──小琉球》，未有出版項，寫於琉球鄉琉球國小，
   1983 年 5 月。

附　錄

附錄一：本書田野調查（環境考察）總表

序號	日期、時間	對象（受訪者）	地點（單位）
1	2017 年 3 月 5 日（9 時 40 分）	洪鴻明（男，當地信徒）	屏東縣琉球鄉靈山寺
	2017 年 3 月 5 日（時間 11：10）	洪大明（男，當地信徒）	屏東縣琉球鄉三隆宮
	2017 年 3 月 5 日（時間 13：00）	洪仁智（男，鄉民）	屏東縣琉球鄉福安宮
	2017 年 3 月 5 日（時間 13：40）	環境考察（無受訪者）	屏東縣琉球鄉碧雲寺
	2017 年 3 月 5 日（時間 14：20）	黃銀（聖后宮主委的太太）	屏東縣琉球鄉聖后宮
	2017 年 3 月 5 日（時間 14：40）	洪清富（男，外號清文，水興宮管理人）	屏東縣琉球鄉水興宮
	2017 年 3 月 5 日（時間 15：40）	洪聖賢（男，南天宮管理人兼乩童）	屏東縣琉球鄉南天宮
	2017 年 3 月 5 日（時間 16：20）	許春發（男，琉球國中退休老師）	屏東縣琉球鄉池隆宮
2	2017 年 4 月 30 日（時間 9：30）	洪聖賢（男，南天宮管理人兼乩童）	屏東縣琉球鄉南天宮
	2017 年 4 月 30 日（時間 11：25）	洪清德（男，佛池寺代理管理人）	屏東縣琉球鄉佛池寺

	2017 年 4 月 30 日 （時間 13：40）	李陳麗美（女，王母宮管理人）	屏東縣琉球鄉王母宮
	2017 年 4 月 30 日 （時間 14：40）	許春發（男，琉球國中退休老師）	屏東縣琉球鄉碧雲寺
	2017 年 4 月 30 日 （時間 15：20）	郭嘉宏（男，幸山寺負責人）	屏東縣琉球鄉幸山寺
3	2017 年 8 月 9 日 （時間 11：50）	蔡佳峰（男，彩繪師）、洪聖賢（男，南天宮管理人兼乩童）	屏東縣琉球鄉南天宮
	2017 年 8 月 9 日 （時間 13：25）	許春發（男，琉球國中退休老師）	屏東縣琉球鄉池隆宮
4	2018 年 11 月 9 日 （8 時 5 分）	洪仁智（男，鄉民）、洪煒翔（男，鄉民）	屏東縣琉球鄉洪媽媽麻花捲
	2018 年 11 月 9 日 （9 時 10 分）	洪光輝（男，祭典會大總理）、蔡文財（男，碧雲寺、三隆宮總幹事）	屏東縣琉球鄉三隆宮
	2018 年 11 月 9 日 （9 時 30 分）	李雅睿	屏東縣琉球鄉三隆宮
	2018 年 11 月 9 日 （9 時 56 分）	陳金龍（男，祭典會理事）	屏東縣琉球鄉三隆宮
	2018 年 11 月 9 日 （10 時 20 分）	蔡文財（男，碧雲寺、三隆宮總幹事）	屏東縣琉球鄉三隆宮
	2018 年 11 月 9 日 （12 時 30 分）	田先生（碧雲寺四駕轎班）	屏東縣琉球鄉碧雲寺
	2018 年 11 月 9 日 （13 時 26 分）	陳文省（男，祭典會理事陳傳貳的兒子）	屏東縣琉球鄉三隆宮
	2018 年 11 月 9 日 （13 時 26 分）	洪福家（男，祭典會副總理）	屏東縣琉球鄉三隆宮
5	2018 年 11 月 11 日 （8 時 20 分）	洪天健（男，祭典會大總理洪光輝的二兒子）	屏東縣琉球鄉三隆宮
	2018 年 11 月 11 日 （8 時 43 分）	陳富盛（男，祭典會參事）	屏東縣琉球鄉三隆宮
	2018 年 11 月 11 日 （9 時 3 分）	環境考察（無受訪者）	屏東縣琉球鄉三隆宮
	2018 年 11 月 11 日 （9 時 58 分）	李永賢（男，混元法舟轎班）	屏東縣琉球鄉三隆宮
	2018 年 11 月 11 日 （10 時 45 分）	洪福家（男，祭典會副總理）	屏東縣琉球鄉三隆宮

	2018 年 11 月 11 日 （13 時 27 分）	許娜菁（女，信眾）	屏東縣琉球鄉碧雲寺
	2018 年 11 月 11 日 （14 時 33 分）	陳李寶玉（女，琉球鄉民）	屏東縣琉球鄉三隆宮
	2018 年 11 月 11 日 （16 時 6 分）	環境考察（無受訪者）	屏東縣琉球鄉三隆宮
	2018 年 11 月 11 日 （16 時 54 分）	楊先生（遊客）	屏東縣琉球鄉三隆宮
6	2018 年 11 月 12 日 （6 時 8 分～45 分）	環境考察（無受訪者）	屏東縣琉球鄉白沙尾 漁港、觀光港
	2018 年 11 月 12 日 （7 時 23 分）	環境考察（無受訪者）	屏東縣琉球鄉三隆宮
	2018 年 11 月 12 日 （7 時 55 分）	黃文良（男，碧雲寺、三隆宮主 任委員）	屏東縣琉球鄉白沙尾 漁港
	2018 年 11 月 12 日 （10 時 18 分）	環境考察（無受訪者）	屏東縣琉球鄉白沙尾 漁港、觀光港
	2018 年 11 月 12 日 （14 時）	環境考察（無受訪者）	屏東縣琉球鄉中澳沙 灘
	2018 年 11 月 12 日 （13 時 7 分～16 時 17 分）	環境考察（無受訪者）	屏東縣琉球鄉中澳沙 灘
	2018 年 11 月 12 日 （17 時 22 分）	環境考察（無受訪者）	屏東縣琉球鄉中澳沙 灘
	2018 年 11 月 12 日 （18 時 40 分）	環境考察（無受訪者）	屏東縣琉球鄉三隆宮
	2018 年 11 月 12 日 （19 時）	環境考察（無受訪者）	屏東縣琉球鄉三隆宮
	2018 年 11 月 12 日 （19 時 21 分）	蔡先生（三隆宮轎班）	屏東縣琉球鄉三隆宮
	2018 年 11 月 12 日 （19 時 24 分）	環境考察（無受訪者）	屏東縣琉球鄉三隆宮
7	2018 年 11 月 13 日 （7 時 27 分）	于勝祖（男，水仙宮工作人員）	屏東縣琉球鄉大福村 境內（遶境地點）
	2018 年 11 月 13 日 （7 時 48 分）	郭嘉宏（男，幸山寺負責人）	屏東縣琉球鄉大福村 境內（遶境地點）
	2018 年 11 月 13 日 （9 時 2 分）	三隆宮義工（男）	屏東縣琉球鄉三隆宮

	2018 年 11 月 13 日（9 時 7 分）	三隆宮義工（女，文創商品販賣部）	屏東縣琉球鄉三隆宮
	2018 年 11 月 13 日（10 時 2 分）	許春發（男，琉球國中退休老師）	屏東縣琉球鄉碧雲寺
	2018 年 11 月 13 日（10 時 40 分～12 時 24 分）	洪吳新換（女）、洪靖慧（洪吳新換的外孫女）	屏東縣琉球鄉仁愛路與大福漁港前路角
	2018 年 11 月 13 日（12 時 2 分）	環境考察（無受訪者）	屏東縣琉球鄉大福福安宮
	2018 年 11 月 13 日（12 時 50 分）	環境考察（無受訪者）	屏東縣琉球鄉水興宮
8	2018 年 11 月 16 日（6 時 33 分）	環境考察（無受訪者）	屏東縣琉球鄉三隆宮
	2018 年 11 月 16 日（6 時 52 分）	陳彥伯（男、祭典會內司）	屏東縣琉球鄉三隆宮
	2018 年 11 月 16 日（7 時 13 分）	環境考察（無受訪者）	屏東縣琉球鄉三隆宮
	2018 年 11 月 16 日（7 時 26 分）	洪賜隆（男、平安扇書寫家）	屏東縣琉球鄉三隆宮
	2018 年 11 月 16 日（7 時 37 分）	洪聖棫（男）	屏東縣琉球鄉三隆宮
	2018 年 11 月 16 日（8 時 29 分）	環境考察（無受訪者）	屏東縣議員候選人（琉球鄉選區）王薇茗競選總部
	2018 年 11 月 16 日（9 時 12 分）	許麗美（女、轎班午餐義工）	屏東縣琉球鄉城隍廟旁、觀光港路、本漁路
	2018 年 11 月 16 日（10 時 20 分）	環境考察（無受訪者）	屏東縣琉球鄉城隍廟旁、觀光港路、本漁路
	2018 年 11 月 16 日（10 時 54 分～11 時 45 分）	環境考察（無受訪者）	屏東縣琉球鄉城隍廟旁、觀光港路、本漁路
	2018 年 11 月 16 日（13 時 55 分）	洪福家（男，祭典會副總理）	屏東縣琉球鄉三隆宮
	2018 年 11 月 16 日（14 時 22 分）	蔡文化（戊戌正科（2018）王船組長）	屏東縣琉球鄉三隆宮
9	2018 年 11 月 17 日（7 時 15 分～9 時 14 分）	環境考察（無受訪者）	屏東縣琉球鄉三隆宮、白沙尾福泉宮

	2018 年 11 月 17 日 （10 時 17 分）	環境考察（無受訪者）	屏東縣琉球鄉大福福 安宮
	2018 年 11 月 17 日 （12 時 11 分）	環境考察（無受訪者）	屏東縣琉球鄉天南福 安宮
	2018 年 11 月 17 日 （14 時 3 分）	環境考察（無受訪者）	屏東縣琉球鄉上杉福 安宮
	2018 年 11 月 17 日 （16 時 40 分）	洪福家（男，祭典會副總理）	屏東縣琉球鄉三隆宮
10	2018 年 11 月 18 日 （12 時 42 分）	環境考察（無受訪者）	屏東縣琉球鄉三隆宮
	2018 年 11 月 18 日 （1 時 8 分）	洪福家（男，祭典會副總理）	屏東縣琉球鄉三隆宮
	2018 年 11 月 18 日 （1 時 8 分～4 時 5 分）	環境考察（無受訪者）	屏東縣琉球鄉中澳沙 灘
11	2018 年 11 月 21 日 （12 時 54 分）	郭翠鶯（女，玄樞院誦經團）	臺南市關廟區玄樞院
12	2018 年 12 月 3 日 （10 時 40 分）	陳錦宗（男，玄樞院退休廟祝）	臺南市關廟區玄樞院
13	2018 年 12 月 17 日 （10 時 10 分）	陳錦宗（男，玄樞院退休廟祝）	臺南市關廟區玄樞院
14	2019 年 1 月 2 日 （9 時 55 分～12 時 27 分）	洪清富（男，水興宮管理人）、 陳富濱（男，解說員）、蔡朝富 （男、交通船船員退休）	屏東縣琉球鄉碧雲寺
	2019 年 1 月 2 日 （12 時 43 分）	環境考察（無受訪者）	屏東縣琉球鄉三隆宮
	2019 年 1 月 2 日 （15 時 16 分）	陳金龍（男，祭典會理事）	
15	2019 年 1 月 23 日 （9 時 25 分）	張榮豐（男，玄樞院副董事長）	臺南市關廟區玄樞院
16	2019 年 1 月 27 日 （9 時 55 分）	陳錦宗（男，玄樞院退休廟祝）	臺南市關廟區玄樞院
17	2019 年 1 月 30 日 （10 時）	環境考察（無受訪者）	屏東縣琉球鄉三隆宮
	2019 年 1 月 30 日 （10 時 25 分）	許春發（男，琉球國中退休老 師）、陳施蜜（女，碧雲寺義工）	屏東縣琉球鄉碧雲寺
	2019 年 1 月 30 日 （13 時 45 分）	蔡文財（男，碧雲寺、三隆宮總 幹事）	屏東縣琉球鄉碧雲寺

18	2019年2月9日（9時47分）	洪毓謙（男，祭祀組兼文史企劃主任）	臺南市北門區南鯤鯓廟
19	2019年2月13日（13時21分）	劉先生（漁船船東）	高雄市林園區中芸渡船站舊址
20	2019年2月19日（8時38分）	陳素琴（女，碧雲寺、三隆宮監事）	屏東縣琉球鄉碧雲寺
	2019年2月19日（9時26分）	環境考察（無受訪者）	屏東縣琉球鄉碧雲寺
	2019年2月19日（9時45分）	黃緗瑋（藝月園負責人）、黃湘愔（團主）	屏東縣琉球鄉碧雲寺
	2019年2月19日（10時28分）	黃文良（男，碧雲寺、三隆宮主任委員）、洪安同（男，法師）	屏東縣琉球鄉碧雲寺
	2019年2月19日（13時30分）	陳金龍（男，祭典會理事）、林明通（男，祭典會理事）	屏東縣琉球鄉肚仔坪
21	2019年3月1日（13時20分）	涂松佑（男，保安宮總務）	臺南市北門區保安宮
	2019年3月1日（14時10分）	環境考察（無受訪者）	南鯤鯓廟旁的五王橋
22	2019年3月4日（12時45分）	湯正祺（男，龍山寺廟祝）	高雄市鳳山區龍山寺
	2019年3月4日（14時）	環境考察（無受訪者）	高雄市鳳山區雙慈亭
23	2019年3月13日（8時30分）	陳麒麟（男，碧雲寺、三隆宮委員）等七人（平均年齡約72歲以上）。	屏東縣琉球鄉三隆宮
	2019年3月13日（9時、10時45分）	田明福（男，田深氏後裔）	屏東縣琉球鄉三隆宮、共合堂
	2019年3月13日（10時45分）	黃清進（男，三隆宮頭筆副組長）、陳世欽（男，天師道紅頭法師）、陳富濱（男，解說員）	屏東縣琉球鄉碧雲寺
	2019年3月13日（14時29分）	陳雅頌（琉球鄉戶政事務所辦事員）	琉球鄉戶政事務所
24	2019年3月20日（11時）	簡玉妮（廟務員）	高雄市旗津區福壽宮
25	2019年3月23日（8時35分）	環境考察（無受訪者）	屏東縣琉球鄉碧雲寺
	2019年3月23日（18時38分）	環境考察（無受訪者）	屏東縣琉球鄉碧雲寺

26	2019 年 3 月 24 日（6 時 42 分）	環境考察（無受訪者）	屏東縣琉球鄉碧雲寺
	2019 年 3 月 24 日（9 時 6 分）	環境考察（無受訪者）	屏東縣琉球鄉碧雲寺
	2019 年 3 月 24 日（11 時 5 分）	環境考察（無受訪者）	屏東縣琉球鄉碧雲寺
	2019 年 3 月 24 日（12 時 20 分）	辜水永（男，觀音媽信徒）	屏東縣琉球鄉碧雲寺
	2019 年 3 月 24 日（20 時 26 分）	環境考察（無受訪者）	屏東縣琉球鄉碧雲寺
27	2019 年 3 月 25 日（8 時）	環境考察（無受訪者）	屏東縣琉球鄉碧雲寺
	2019 年 3 月 25 日（9 時 56 分）	環境考察（無受訪者）	屏東縣琉球鄉碧雲寺
28	2019 年 3 月 26 日（7 時 36 分）	環境考察（無受訪者）	碧雲寺己亥年爐主柯朝鴻的厝
	2019 年 3 月 26 日（9 時 10 分）	環境考察（無受訪者）	碧雲寺己亥年爐主柯朝鴻的厝
	2019 年 3 月 26 日（10 時 46 分）	陳世欽（男，法師）	屏東縣琉球鄉碧雲寺
	2019 年 3 月 26 日（11 時）	蔡文財（男，碧雲寺、三隆宮總幹事）	屏東縣琉球鄉碧雲寺
	2019 年 3 月 26 日（12 時 18 分）	田太太（田深氏後代媳婦）	屏東縣琉球鄉白龍宮旅社隔壁
29	2019 年 3 月 28 日（8 時 18 分）	陳嘉惠（女，碧雲寺、三隆宮會計）	屏東縣琉球鄉三隆宮
	2019 年 3 月 28 日（11 時 29 分）	柯朝鴻（男，碧雲寺、三隆宮己亥年爐主）	屏東縣琉球鄉柯朝鴻的厝
30	2019 年 4 月 1 日（11 時 51 分）	徐女士	高雄市梓官區觀海府
31	2019 年 4 月 5 日（9 時 5 分）	鍾加成（男，碧雲寺、三隆宮戊戌年代理爐主）、鍾加明	屏東縣琉球鄉三隆宮
	2019 年 4 月 5 日（10 時 32 分）	黃清山（男，碧雲寺義工）	屏東縣琉球鄉碧雲寺
32	2019 年 4 月 6 日（20 時 43 分）	蔡人寶（男，福壽宮執行長）	高雄市旗津區福壽宮
33	2019 年 4 月 28 日（18 時 55 分）	蔡人寶（男，福壽宮執行長）、蔡文欽（男，福壽宮前主委）	高雄市旗津區福壽宮

34	2019 年 5 月 8 日 （8 時 50 分）	許春發（男，琉球國中退休老師）、洪清富（男，水興宮管理人）、陳富濱（男，解說員）、蔡朝富（男，交通船船員退休）	屏東縣琉球鄉碧雲寺
	2019 年 5 月 8 日 （12 時 40 分）	李永賢（男，混元法舟轎班）	琉球鄉社區活動中心
35	2019 年 6 月 2 日 （13 時 40 分）	廟祝（女，不方便提供姓名）	屏東縣南州鄉溪州代天府
	2019 年 6 月 2 日 （17 時）	環境考察（無受訪者）	屏東縣東港鎮東隆宮
	2019 年 6 月 2 日 （17 時 40 分）	戴先生（福安宮廟祝）	屏東縣東港鎮福安宮
	2019 年 6 月 2 日 （18 時 20 分）	環境考察（無受訪者）	屏東縣東港鎮朝隆宮
	2019 年 6 月 2 日 （18 時 50 分）	洪先生（鎮靈宮委員）	屏東縣東港鎮鎮靈宮
36	2019 年 6 月 13 日 （12 時 22 分）	江先生（廟務員）	高雄市鳳山區白龍庵
	2019 年 6 月 13 日 （14 時 10 分）	環境考察（無受訪者）	高雄市大寮區南雄代天府
37	2019 年 6 月 19 日 （13 時 21 分）	馬先生（雙慈殿奉天府班頭）、陳先生（雙慈殿奉天府廟務員）	高雄市鳳山區雙慈殿（亭）
	2019 年 6 月 19 日 （14 時 10 分）	李小姐（會計）	高雄市鳳山區興安宮
38	2019 年 6 月 24 日 （12 時 30 分）	環境考察（無受訪者）	高雄市大寮區義和（磚仔窯）代天府
	2019 年 6 月 24 日 （13 時 19 分）	李女士（廟務員）	高雄市大樹區崑崙宮
39	2019 年 6 月 26 日 （12 時 30 分）	環境考察（無受訪者）	高雄市大寮區龍雄宮
	2019 年 6 月 26 日 （13 時 20 分）	環境考察（無受訪者）	高雄市林園區東龍宮·明清寺
40	2019 年 6 月 27 日 （12 時 20 分）	環境考察（無受訪者）	屏東縣南州鄉五顯宮
	2019 年 6 月 27 日 （12 時 47 分）	環境考察（無受訪者）	屏東縣南州鄉南安宮
	2019 年 6 月 27 日 （13 時 19 分）	潘海泳（男，朝清宮管理人）、徐院宗（男，朝清宮總幹事）	屏東縣南州鄉朝清宮

41	2019 年 7 月 5 日（12 時 23 分）	環境考察（無受訪者）	高雄市鳳山區五靈堂
	2019 年 7 月 5 日（14 時）	陳小姐（三清宮會計）	高雄市林園區三清宮
42	2019 年 7 月 20 日（8 時 50 分）	環境考察（無受訪者）	屏東縣琉球鄉三隆宮
43	2019 年 7 月 21 日（8 時）	環境考察（無受訪者）	屏東縣琉球鄉碧雲寺
44	2019 年 8 月 23 日（8 時 58 分）	陳麒麟（男，碧雲寺、三隆宮委員）	屏東縣琉球鄉三隆宮
	2019 年 8 月 23 日（9 時 20 分）	陳周文（男，壬辰科大總理）	屏東縣琉球鄉三隆宮
	2019 年 8 月 23 日（10 時 40 分）	黃清山（男，碧雲寺義工）、黃清進（男，三隆宮頭筆副組長）	屏東縣琉球鄉碧雲寺
45	2019 年 9 月 13 日（7 時 58 分）	環境考察（無受訪者）	屏東縣琉球鄉三隆宮
46	2019 年 9 月 19 日（11 時 16 分）	陳先生（清龍山寺廟祝）	高雄市田寮區清龍山寺
	2019 年 9 月 19 日（12 時 26 分）	釋天仁（男）、釋天勵（男）	高雄市阿蓮區超峰寺
47	2019 年 10 月 4 日（14 時 28 分）	陳嘉惠（碧雲寺、三隆宮會計）	屏東縣琉球鄉碧雲寺
48	2019 年 10 月 17 日（7 時 45 分）	許春發等人	屏東縣琉球鄉碧雲寺
49	2019 年 12 月 13 日（8 時 36 分）	環境考察（無受訪者）	屏東縣琉球鄉中山路、本漁路
	2019 年 12 月 13 日（9 時 30 分）	陳貴福（男，地方耆老）、陳麒麟（男，碧雲寺、三隆宮委員）	屏東縣琉球鄉三隆宮
	2019 年 12 月 13 日（10 時 15 分）	陳富濱（男，解說員）	屏東縣琉球鄉山豬溝
	2019 年 12 月 13 日（11 時 7 分）	環境考察（無受訪者）	屏東縣琉球鄉山豬溝
	2019 年 12 月 13 日（11 時 45 分）	陳富濱（男，解說員）	屏東縣琉球鄉烏鬼洞
	2019 年 12 月 13 日（11 時 55 分）	環境考察（無受訪者）	屏東縣琉球鄉烏鬼洞
	2019 年 12 月 13 日（12 時 16 分）	環境考察（無受訪者）	屏東縣琉球鄉烏鬼洞

	2019 年 12 月 13 日（13 時 7 分）	環境考察（無受訪者）	屏東縣琉球鄉白燈塔
	2019 年 12 月 13 日（13 時 15 分）	環境考察（無受訪者）	屏東縣琉球鄉白燈塔
	2019 年 12 月 13 日（13 時 45 分）	環境考察（無受訪者）	屏東縣琉球鄉倩女臺
50	2019 年 12 月 20 日（8 時 8 分）	環境考察（無受訪者）	屏東縣琉球鄉靈山寺
	2019 年 12 月 20 日（8 時 21 分）	環境考察（無受訪者）	屏東縣琉球鄉靈山寺
	2019 年 12 月 20 日（8 時 49 分）	環境考察（無受訪者）	屏東縣琉球鄉美人洞
	2019 年 12 月 20 日（9 時 9 分）	蘇淑芬（女，海上樂園前商家）	屏東縣琉球鄉美人洞（海上樂園）
	2019 年 12 月 20 日（9 時 42 分）	環境考察（無受訪者）	屏東縣琉球鄉肚仔坪
	2019 年 12 月 20 日（10 時 2 分）	環境考察（無受訪者）	屏東縣琉球鄉山豬溝
	2019 年 12 月 20 日（10 時 22 分）	蔡先生、蔡太太	屏東縣琉球鄉中興路 3 之 16 號
	2019 年 12 月 20 日（10 時 28 分）	環境考察（無受訪者）	屏東縣琉球鄉番仔厝
	2019 年 12 月 20 日（10 時 45 分）	環境考察（無受訪者）	屏東縣琉球鄉
51	2020 年 2 月 8 日（9 時）	環境考察（無受訪者）	屏東縣琉球鄉碧雲寺
	2020 年 2 月 8 日（9 時 10 分）	環境考察（無受訪者）	屏東縣琉球鄉碧雲寺
	2020 年 2 月 8 日（9 時 35 分）	林秀蘭（女，正義團二團負責人）、高佳汶（女，真珠歌劇團負責人）	屏東縣琉球鄉碧雲寺
	2020 年 2 月 8 日（9 時 45 分）	洪安同（男，碧雲寺、三隆宮監事）	屏東縣琉球鄉碧雲寺
	2020 年 2 月 8 日（12 時 40 分）	環境考察（無受訪者）	龍蝦洞、百年靈石井
	2020 年 2 月 8 日（14 時 48 分）	環境考察（無受訪者）	屏東縣琉球鄉瓦厝內（蔡家）
	2020 年 2 月 8 日（15 時 5 分）	蔡瑞吉（男，瓦厝內管理委員會委員）	屏東縣琉球鄉中山路 1 巷 46 號

52	2020 年 2 月 16 日（18 時 24 分）	吳先生、佘先生（廟內的長輩）	高雄市小港區鳳儀宮
53	2020 年 2 月 23 日（21 時 17 分）	環境考察（無受訪者）	屏東縣琉球鄉上杉福安宮
	2020 年 2 月 23 日（22 時 18 分）	環境考察（無受訪者）	屏東縣琉球鄉大福福安宮
54	2020 年 2 月 24 日（8 時 57 分）	環境考察（無受訪者）	屏東縣琉球鄉花瓶石（岩）
	2020 年 2 月 24 日（10 時 16 分）	環境考察（無受訪者）	屏東縣琉球鄉福泉宮
	2020 年 2 月 24 日（13 時 28 分）	環境考察（無受訪者）	屏東縣琉球鄉廣山隆
55	2020 年 3 月 10 日（12 時 15 分）	環境考察（無受訪者）	高雄市鳥松區大將廟
56	2020 年 3 月 12 日（8 時）	環境考察（無受訪者）	屏東縣琉球鄉碧雲寺
	2020 年 3 月 12 日（8 時 20 分）	環境考察（無受訪者）	屏東縣琉球鄉碧雲寺
	2020 年 3 月 12 日（10 時 52 分）	許真念（男，福泉宮、騰風宮總幹事）	屏東縣琉球鄉許真念家裡
57	2020 年 3 月 26 日（8 時 54 分）	蔡文財（男，碧雲寺、三隆宮總幹事）	屏東縣琉球鄉碧雲寺
	2020 年 3 月 26 日（10 時 26 分）	李石發（男，上杉福安宮廟祝）	屏東縣琉球鄉上杉福安宮
	2020 年 3 月 26 日（11 時 17 分）	環境考察（無受訪者）	屏東縣琉球鄉杉福村萬年宮
	2020 年 3 月 26 日（11 時 59 分）	李陳清好（女，上杉福安宮廟婆）	屏東縣琉球鄉上杉福安宮
58	2020 年 4 月 30 日（8 時 46 分）	蔡文財（男，碧雲寺、三隆宮總幹事）	屏東縣琉球鄉碧雲寺
	2020 年 4 月 30 日（9 時 38 分）	洪明男（男，大福福安宮、萬聖府總幹事）	屏東縣琉球鄉大福村仁愛路
	2020 年 4 月 30 日（11 時 48 分）	洪大華（男，華山代天宮總幹事）	琉球鄉大福村華山代天宮
59	2020 年 5 月 14 日（9 時）	環境考察（無受訪者）	屏東縣琉球鄉天南福安宮
	2020 年 5 月 14 日（9 時 33 分）	陳富濱（男，生態解說員）	屏東縣琉球鄉天南福安宮

	2020 年 5 月 14 日 （10 時 30 分）	環境考察（無受訪者）	萬善堂
	2020 年 5 月 14 日 （10 時 40 分）	環境考察（無受訪者）	玉海堂
	2020 年 5 月 14 日 （10 時 50 分）	環境考察（無受訪者）	山花堂
60	2020 年 5 月 27 日 （12 時 10 分）	尤勝郎（高山巖福德宮廟務員）	高山巖福德宮
61	2020 年 6 月 21 日 （9 時 5 分）	黃春貴（女，天南福安宮廟祝）	天南福安宮
	2020 年 6 月 21 日 （11 時 52 分）	李阿對（女，上杉福安宮總幹事）、李石發（男，上杉福安宮廟祝）	上杉福安宮
	2020 年 6 月 21 日 （14 時 20 分）	洪清富（男，水興宮管理人）	水興宮
62	2020 年 7 月 14 日 （13 時 8 分）	邱先生（八吉境五帝廟廟祝）	八吉境五帝廟

附錄二：講述或受訪者一覽表（依姓氏筆劃排列）

尤勝郎（左，屏東恆春高山巖福德宮廟務員）

田明福（左，小琉球田深氏後裔）

田先生（左三，小琉球碧雲寺四駕轎班）

江先生（左，高雄鳳山白龍庵廟務員）

李石發（右，小琉球上杉福安宮廟
祝）

李阿對（左，小琉球上杉福安宮總
幹事）

李雅睿（右，小琉球戊戌科素食組
負責人）

李永賢（右，小琉球混元法舟轎
班）

李陳清好（左，小琉球上杉福安宮
廟婆）

林秀蘭（中，正義團二團戲團代表
人）

林明通（左，小琉球戊戌科祭典會
理事）

柯朝鴻（中，碧雲寺、三隆宮己亥
年爐主）

洪明男（右，小琉球大福福安宮總
幹事）

洪福家（右，小琉球戊戌科祭典會
副總理）

洪光輝（中，小琉球戊戌科祭典會
大總理）

洪天健（左，戊戌科大總理的二兒
子）

洪安同（右，小琉球碧雲寺、三隆
宮監事）

洪仁智、洪煒翔（左起，小琉球環
島車司機）

洪大華（左，小琉球華山代天宮總
幹事）

洪賜隆（右，小琉球戊戌科平安扇
書法家）

洪清富（左，小琉球水興宮管理人）

徐院宗（中，屏東南州朝清宮總幹事）

涂松佑（右，臺南北門保安宮總務）

張榮豐（右，臺南關廟玄樞院副董事長）

許真念（左，小琉球福泉宮總幹事）

許麗美（左，小琉球戊戌科轎班午餐義工）

許春發（右，琉球國中退休老師）

許娜菁（左，小琉球碧雲寺信徒）

郭翠鸞（右，臺南關廟玄樞院義工）

陳錦宗（右，臺南關廟玄樞院退休廟祝）

陳傳貳（右一，小琉球戊戌科祭典會理事）

陳文省（右三，戊戌科理事陳傳貳的兒子）

陳彥伯（中，戴魯笠者，小琉球戊戌科內司）

陳富盛（左，小琉球戊戌科祭典會參事）

陳嘉惠（左三，小琉球碧雲寺、三隆宮會計）

陳世欽（右一，小琉球人，法師）

陳雅頌（左，琉球鄉戶政事務所辦事員）

陳貴福（右一，小琉球耆老）

陳金龍（左，小琉球戊戌科祭典會理事）

陳富濱（左，小琉球生態解說員）

陳麒麟（左一，小琉球碧雲寺、三隆宮委員）

陳明和（左，小琉球碧雲寺、三隆宮委員）

湯正祺（左，高雄鳳山龍山寺廟祝）

韋水永（右二，小琉球碧雲寺觀音佛祖信徒）

黃清山（左一，小琉球碧雲寺義工）

黃清進（左一，三隆宮迎王頭筆副組長）

黃文良（右，小琉球碧雲寺、三隆宮主委）

黃春貴（左一，小琉球天南福安宮廟祝）

黃緗瑋（前，藝月園戲團負責人）

黃湘惜（左，戲團團主）

楊先生（左，小琉球戊戌科迎王遊客）

潘海泳（右，屏東南州朝清宮管理人）

蔡瑞吉（中，小琉球瓦厝內管理委員會委員）

蔡朝富（左二，小琉球鄉民）

蔡文財（左，小琉球迎王祭典會總幹事）

蔡人寶（右，高雄旗津福壽宮執行長）

蔡文化（右，小琉球戊戌科王船組長）

鍾加成（左二，碧雲寺戊戌年代理爐主）

簡玉妮（左，高雄旗津福壽宮廟務員）

釋天仁（左，高雄阿蓮大崗山超峰寺）

註：1. 本書部分受訪者，因不方便或其他因素，故未列入本一覽表內。

　　2. 一覽表受訪者的職務，以當時受訪時為代表。

附錄三：琉球鄉早期的開發歷史

琉球鄉位於臺灣西南海中，17 世紀初荷蘭人來臺時，事因荷蘭人登入小琉球島上遭原住民殺害，為報復，多次攻打小琉球。荷蘭長官普特曼斯（荷蘭語：Hans Putmans）與議會下決議，使用各種手段，無論生擒或打死，都要將小琉球島上的人全部除掉。然而荷蘭人對小琉球的原住民所做的行為，他們認為是神的公正而懲罰，據《熱蘭遮城日誌》記載：「看起來萬能的神是為要公正懲罰這鹵莽的異教徒……只希望，主宰的神使他們也被我們捉到，如此，使這個（因他們的罪孽而嚴重汙染的）海島，得以完全清除這些汙濁之群而清潔起來。」〔註1〕荷蘭人無情地掃蕩殲滅小琉球原住民，使小琉球島幾乎成為「無人島」（並未盡數殺滅，搜捕後移送島外）。

繼後鄭成功攻臺，墾殖臺灣，漢人移居小琉球，小琉球原住民的社會，改變成漢人社會。然而鄭成功的子孫未能久營臺灣，之後，小琉球也隨著政局改變進入清代的治理。小琉球從清康熙末期至乾隆中期，由於受到交通不便，加上禁令的影響，故尚未能形成漢移民聚落。日治時期，小琉球地區各聚落的範圍明顯的擴大，人口增加，不過還是聚集於白沙尾、大寮、天臺聚落，杉板路一帶仍呈現零散住居。臺灣光復後，琉球鄉屬屏東縣所管轄迄今。

琉球鄉早期的開發歷史，本節主旨有：荷蘭入侵時期、明鄭開墾時期、清代領臺時期。

一、荷蘭入侵時期

據《琉球鄉志》記載：「漢人未入墾殖之前，琉球鄉初始是西拉雅族原住民所居。」〔註2〕明天啟 2 年（1622）7 月 28 日，荷蘭人派船由澎湖至臺灣視察及測量完畢，即乘小艇返回也哈多船，發現小琉球島，於是順沿海岸向小琉球島前進，正午在小琉球島的下方 28 尋，距陸地有大網長度之處泊碇。〔註3〕據荷蘭文獻《巴達維亞城日記》記載：「該島嶼似屬肥沃，有多數椰子

〔註1〕 江樹生譯註、蕭瓊瑞主編：《熱蘭遮城日誌》（第一冊）（臺南市：臺南市政府，2000 年 1 月），頁 234、235。

〔註2〕 洪義詳主修、林澤田總編纂：《琉球鄉志》（屏東縣：屏東縣琉球鄉公所，2006 年 12 月），頁 30。

〔註3〕 村上直次郎原譯、郭輝中譯、李汝和主編：《巴達維亞城日記》（第一冊）（臺北市：臺灣省文獻委員會，1970 年 6 月），頁 10。

樹等物，又發現有耕地，但不見有人。正欲率士兵數人登陸，但中國人翻譯不願同行。該處有四百人以上居住，為兇暴之食人種，見人常隱藏起來。據言在三年前曾殺中國人百餘人。」〔註4〕前述三年前，就是西元1619年，百餘位中國人曾遭到島上住民殺害。從《巴達維亞城日記》文獻記載的四百人以上居住，按《琉球鄉志》所指是西拉雅族原住民。

小琉球，荷蘭人命名稱為「金獅子島」（'t Gouden Leeuw Eiland），是荷船金獅子號在這裡曾出事而命名之。金獅子號是550last（1100噸）的大帆船，於西元1622年7月3日，載運八萬real的銀幣去澎湖，8月13日到達澎湖，但又種種因素，帶著銀幣去Jambij購買胡椒。航海時，金獅子號因遇逆風尚未能出帆，寄椗於小琉球，派若干船員登岸去取鮮水，而這些船員消失於蒼翠繁茂的草木後，一去不返。金獅子號又遇到狂風，無法搜查救援而離開，嗣後他們獲知這些登陸的船員全部遇害，被吃掉。因之荷人命名小琉球為「金獅子島」。〔註5〕當時的小琉球原住民稱呼該島為Lamey（拉美島）。

西元1629年7月13日，荷蘭搜捕中國海賊沒有結果，而部隊在回程過河時，52名士兵全部中伏，被麻豆社殺害。對於在小琉球島及麻豆兩件「番害」，荷蘭人一直想找機會報復。於是西元1633年11月4日，決議由Bruyn率軍攻打小琉球，並於11月8日，再次決議確認，於是派三百個白人加上一些新港人與蕭壠人（今臺南市佳里區）去攻打小琉球。據《熱蘭遮城日誌》記載：「11月12日早晨，快艇Wieringen號與Bleyswijck號偕同四艘戎克船出航前往金獅島，由指揮官Bruyn指揮，偕同包瓦斯先生及其他軍官，要去用武力攻擊該島，並報復他們以前對大船GoudenLeeuw號的謀殺事件。」〔註6〕

西元1633年11月12日早晨，荷蘭人攻打小琉球情形，據《熱蘭遮城日誌》11月18日條記載：「11月12日出航前往金獅島，回來報告說，在行軍時有一個荷蘭人及一個新港人被打死，因此新港人、蕭壠人及中國人通通逃

〔註4〕　村上直次郎原譯、郭輝中譯、李汝和主編：《巴達維亞城日記》（第一冊）（臺北市：臺灣省文獻委員會，1970年6月），頁10、11。
〔註5〕　曹永和、包樂史：〈小琉球原住民的消失——重拾失落臺灣歷史一頁〉，收錄於潘英海、詹素娟主編：《平埔研究論文集》（臺北市：中央研究院臺灣史研究所籌備處，1995年6月），頁426。
〔註6〕　江樹生譯註、蕭瓊瑞主編：《熱蘭遮城日誌》（第一冊）（臺南市：臺南市政府，2000年1月），頁135。

走了,而島民被我方打跑了,他們都逃入洞穴藏起來,未再出現。而蓋在一個大村子裡的所有房屋都予放火燒毀了,殺死很多豬,此外我方的人在該島不能再做甚麼。」〔註 7〕荷蘭人要報復小琉球島上原住民,似乎目的沒有達成。

西元 1636 年 4 月 5 日,荷蘭人在議會決議,應放索社〔註 8〕及南部村落的人要求簽訂條約,決定派牧師尤紐斯(Junius)前往,藉以把他們結合,還要調查是否用放索的人一起來對抗小琉球的人可能性。而牧師尤紐斯調查回報說:小琉球島上的原住民與放索的語言,有些部分能夠瞭解,但是對於島上的情況(洞穴、人數)就不知道。雖然他們一直都互相友好,但都不信任對方,大家都各自留在自己的地方。

西元 1636 年 4 月 19 日,荷蘭決議派士兵和水手超過 100 人,還有約 70 到 80 個鄰近村落的居民,分搭三艘小戎克船和幾隻舢舨,在下午出發攻打小琉球。4 月 21 日,荷蘭全軍抵達金獅島,據《熱蘭遮城日誌》記載:「抵達時,曾經遇見約二十個該島居民,他們很狂怒地要來跟我們打鬥,用步槍射死他們 3 個人,立刻把該村莊放火燒毀,打算要在那裡停留,但注意到在該島找不到水,所以全軍又撤離前往下淡水。」〔註 9〕

荷蘭人在 4 月 21 日的攻打小琉球因缺水而暫時退離,然而在西元 1636 年 4 月 26 日,全軍從下淡水出發,在 80 個放索人和 80 個新港人的協助下,再度攻打小琉球。據《熱蘭遮城日誌》5 月 1 日條記載:「全體登陸,派新港人和放索人出去搜尋該島的居民,發現一個洞穴和很多居民,因此我方立刻去那裡,把那地方用籬笆圍起來,派 40 個士兵看守,把所有的食物和水全部拿走,然後放各種可怕的煙進去使他們呼吸困難,他們終於在 4 月 29 日投降。」〔註 10〕

據回報荷蘭長官普特曼斯(荷蘭語:Hans Putmans)的信中提到:「5 月

〔註 7〕 江樹生譯註、蕭瓊瑞主編:《熱蘭遮城日誌》(第一冊)(臺南市:臺南市政府,2000 年 1 月),頁 136。

〔註 8〕 據《林邊鄉志續編》指出:目前放索社舊址之認定較趨一致,皆認為應該是在林邊鄉田墘厝、放索,即今田厝村及水利村。陳俊吉主修、葉志杰總編纂:《林邊鄉志續編》(上)(屏東縣:屏東縣林邊鄉公所,2018 年 12 月),頁 146。

〔註 9〕 江樹生譯註、蕭瓊瑞主編:《熱蘭遮城日誌》(第一冊)(臺南市:臺南市政府,2000 年 1 月),頁 232。

〔註 10〕 江樹生譯註、蕭瓊瑞主編:《熱蘭遮城日誌》(第一冊)(臺南市:臺南市政府,2000 年 1 月),頁 233。

4 日因為再也聽不到吼叫哀鳴的聲音，我方的人乃進入該洞穴，發現約有 200 到 300 人死在洞穴裡（因為很臭無法計算確實人數）。此外還有一些被他們燒死的人，因此，在這個洞穴裡約有 540 個人，其中有 323 個人已經活著送來此地，這些人當中，只有 53 個男人，125 個女人，其餘的都是小孩。」〔註 11〕

　　荷蘭人在島上搜捕中，只找到 39.5croon（可能是銀的一種重量單位或銀幣單位），這些與珊瑚珠或其他東西縫合一起，而遺留在荷蘭士兵中。除了搜到前述東西，又搜捕到島上原住民，據《熱蘭遮城日誌》5 月 10 日條記載：

> 有一艘戎克船從小琉球抵達，送來 21 位該島居民，這些人是被我方的人在一個新發現的洞穴裡找到的，這個洞穴距離前述那個洞穴約有一個步槍射程，在這個洞穴裡約有 38 到 40 個人，但剩下那些人，大部分是男人，不肯出來投降，所以被掃射而死或被手榴彈炸死。〔註 12〕

從上述引文得知，在小琉球島上原住民躲藏的洞穴不只一個，而且大部分是男人，不肯出來投降，最後是被掃射或手榴彈炸死的。

　　沒有躲在洞穴的人，大部分是男人，卻逃往遍布島上高處樹林中的岩礁裡，躲在椰子樹和香蕉樹的岩礁中，靠這些果實充饑。荷蘭人在島上的搜捕還在進行，據《熱蘭遮城日誌》5 月 11 日條記載：「送來小琉球 31 個俘虜，而這些人是由幾個俘虜指出其他兩個洞穴裡捉到的，逃走約有 40 個男人。」〔註 13〕荷蘭人看到很多農舍中藏有豆子、玉米等食物，全部放火燒毀。

　　小琉球島上的原住民有多少人？據《熱蘭遮城日誌》記載：「從荷蘭一位中尉軍官得悉的和從其他朋友聽說的，整個看起來，該島上約有 1,000 個人，其中有 500 多人落入我方手裡，而活擒的有 483 人，男 134 人、女 157 人、小孩 192 人。」〔註 14〕不過，前述的人數尚未能確定，因為會繼續搜捕。

　　荷蘭人對小琉球島上的原住民持續搜捕，並派士兵駐守該島。西元 1636

〔註 11〕江樹生譯註、蕭瓊瑞主編：《熱蘭遮城日誌》（第一冊）（臺南市：臺南市政府，2000 年 1 月），頁 234

〔註 12〕江樹生譯註、蕭瓊瑞主編：《熱蘭遮城日誌》（第一冊）（臺南市：臺南市政府，2000 年 1 月），頁 235。

〔註 13〕江樹生譯註、蕭瓊瑞主編：《熱蘭遮城日誌》（第一冊）（臺南市：臺南市政府，2000 年 1 月），頁 235。

〔註 14〕江樹生譯註、蕭瓊瑞主編：《熱蘭遮城日誌》（第一冊）（臺南市：臺南市政府，2000 年 1 月），頁 242。

年 7 月 1 日，荷蘭舢舨從小琉球送一個士兵帶一封信來，從該名士兵的報告及所持信函中得知，小琉球人在 6 月 30 日殺死士官長 Van Daelen，一個士官和一個海軍見習生，一共 3 個人。於是 7 月 2 日，長官普特曼斯與議會下決議，要召喚所有新港、蕭壠、麻豆、目加溜灣（今臺南市善化區）的居民，以及南邊的村莊放索，Tackerejan 及 Delatocq 社等七社。並且在已駐在該島士兵以外，加派一隊 30 名士兵部隊，前往小琉球，使用各種手段，無論生擒或打死，都要將小琉球島上的人全部除掉。7 月 7 日，偕同約 300 個鄰近幾個村莊的野人抵達小琉球，已取得 10 個頭顱，生擒一個青年人。〔註15〕

對於西元 1636 年 5 月至 7 月，荷蘭人攻打小琉球的情況，在《巴達維亞城日記》記載：

> 布德曼士長官於五月、六月及七月間，率引隊伍約計百人與同數之新港人及若干放索人，將小琉球島之殺人者，堵圍於其隱藏場所及洞窟，而以饑餓、放火及其他方法，迫其出來，殺戮其三百人以上，又俘捕男女及兒童計五百五十四人，其中男子繫鎖於臺窩灣（安平），從事勞役，女子與兒童配置於新港，充分予以報復，其大部分已告死亡，又以寬嚴兩種手段將好殺之人逐出該島，又將自投我方手中之一百三十五人及以武器加以強制之五十六人，令其分乘上述五艘之士希布船及也哈多船，送至本地。從上述事，該地可除起生存者及死亡者計達千人以上，我方因此博得聲名與同盟者及中國人之滿意，此中國人從事農耕，與該島拉美人不斷交戰。〔註16〕

上述中國人與小琉球島上的拉美人互有攻擊，而在島上出現中國人。中國人的出現是從事農耕的情形。據《熱蘭遮城日誌》1636 年 10 月 1、2 日條記載：「荷蘭長官普特曼與議會決定，在某些條件下，要把小琉球島出租給中國人。」〔註17〕

西元 1636 年 9 月 14 日，90 個放索居民聽從荷蘭中尉指揮，帶領攻打小琉球，100 個人出來投降。9 月 15 日，荷蘭人決定，將所有的小琉球人，

〔註15〕 江樹生譯註、蕭瓊瑞主編：《熱蘭遮城日誌》（第一冊）（臺南市：臺南市政府，2000 年 1 月），頁 246、247。

〔註16〕 村上直次郎原譯、郭輝中譯、李汝和主編：《巴達維亞城日記》（第一冊）（臺北市：臺灣省文獻委員會，1970 年 6 月），頁 180、181。

〔註17〕 江樹生譯註、蕭瓊瑞主編：《熱蘭遮城日誌》（第一冊）（臺南市：臺南市政府，2000 年 1 月），頁 260。

男人和他們的婦女，都要運往巴達維亞，包括還會捉來的，以及之前捉來的。
〔註 18〕

　　荷蘭人對於小琉球島上的原住民持續搜捕，在西元 1640 年 10 日 16 日，再派人經由小琉球前往卑南，要撤離剩下來的居民，10 日 23 日回報，在小琉球還有 63 個人留在那裡。荷蘭臺灣長官與議會於西元 1640 年 12 月 20 日決議，要派隊長 Johan van Linga 率領 60 個士兵去小琉球島，要去捕捉清除剩下的居民。於是 12 月 27 日出發，1641 年 1 月 2 日回來，依照報告，捕捉男 8 名，女 13 名，男孩 10 名，女孩 6 名，合計 37 名。而為了還要捕捉逃入森林 20 個人，留下士官率領 16 個士兵在小琉球。將捉來的 37 人送往巴達維亞。
〔註 19〕

　　西元 1644 年 12 月，在搜捕中，小琉球島發現尚有居民 15 人。荷蘭人自征服該地以來，商人項夏古（Samsiacq）借用，每年繳納 60 勒阿爾，而適當時機將該地的人撤離，而委辦調查紅頭嶼（蘭嶼）情形等事項。〔註 20〕

　　小琉球島上原住民經荷蘭人連續掃蕩搜捕之下，藏匿者所剩無幾。據《巴達維亞城日記》1645 年 3 月條記載：

> 從琉球島逮捕俘虜 13 人，另有 2 人逃跑者還留住該地，不久總可捕獲。所捕獲者：男 5 人（2 人為老人，1 人的妻於去年與多數的人同時被捕押解新港），女 4 人（2 人為老人），孩兒 4 人。而前列琉球島人等因貧窮而變為不足重視者，或年老且病弱者，或為幼少的兒童等因素，因此釋放等人回其鄉里，以有總督的命令應隨傳隨到為條件。而此次的處置令該島的土地承租人以義務辦理，而對其達 70 勒阿爾的支出，合慰勞金共支付 100 勒阿爾，該島一年以 70 勒阿爾出租。〔註 21〕

上述可知，係由於被搜捕者幾乎是老弱婦孺，荷蘭長官將他們釋回小琉球島上，但在控管中，要隨傳隨到。荷蘭當局就按照既定政策，將該島贌租給中

〔註 18〕江樹生譯註、蕭瓊瑞主編：《熱蘭遮城日誌》（第一冊）（臺南市：臺南市政府，2000 年 1 月），頁 258。

〔註 19〕江樹生譯註、蕭瓊瑞主編：《熱蘭遮城日誌》（第一冊）（臺南市：臺南市政府，2000 年 1 月），頁 473、478。

〔註 20〕村上直次郎原譯、郭輝中譯、李汝和主編：《巴達維亞城日記》（第二冊）（臺北市：臺灣省文獻委員會，1970 年 6 月），頁 420。

〔註 21〕村上直次郎原譯、郭輝中譯、李汝和主編：《巴達維亞城日記》（第二冊）（臺北市：臺灣省文獻委員會，1970 年 6 月），頁 458。

國人，由中國人招漢佃開墾。後來因鄭成功攻臺，小琉球島上的人被迫遭到全數驅逐。

　　荷蘭臺灣長官普特曼斯於 1636 年 11 月卸任離臺，牧師尤紐斯於 1643 年秋離臺，雖相繼離臺，但在西元 1647 年，兩人同赴東印度公司董事會告訴對小琉球過當的復仇。董事會聞此慘事後頗震驚，要求巴達維亞的總督 Van der Lijn 即把臺灣的報告做一總結，在西元 1649 年 1 月 18 日向總公司 17 名董事會報告：

　　　　以各種船隻，發配至巴達維亞 191 名，分配在新港社與暫時安置於
　　　　新港社 482 名，依荷蘭習俗被荷蘭家庭收養的兒童 24 名，生者計
　　　　697 名。猛烈戰鬥時被刀劍殺死或中鳥槍等火器，包括絕望自殺而
　　　　發現屍體的 405 名，1644 年尚生存而仍留在該島，實際上加算在新
　　　　港社 17 名，總計 1119 名。〔註22〕

總督 Van der Lijn 的報告說：小琉球人 482 名被留置在新港社而與該社的人同化。西元 1646 年有 14 名兒童配置在大員，由荷蘭家庭領養教育。很多 Lamey 人高興而珍重他們這樣幸運。因為大部分女兒會與荷蘭人結婚成為好的家庭主婦，而被荷蘭家庭收養兒童已經很多成為富裕商家主婦。〔註23〕

　　總督 Van der Lijn 的報告，是對董事會的一個交待托辭，其實小琉球原住民沒有總督所說那麼好的造化，他們只是成為荷蘭人的奴人，只是其中有些境遇較好吧！所以董事會對總督的報告並不是很滿意。〔註24〕

二、明鄭開墾時期

　　早期中國人懼怕原住民，不敢前往小琉球，島上是南島語系民族的天地。而西元 1633 年，荷蘭人開始攻打小琉球，直至西元 1644 年 12 月，小琉球島發現尚有居民 15 人，西元 1645 年，逮捕 13 人，另有 2 人逃跑者還

〔註22〕曹永和、包樂史：〈小琉球原住民的消失——重拾失落臺灣歷史一頁〉，收錄
　　　　於潘英海、詹素娟主編：《平埔研究論文集》（臺北市：中央研究院臺灣史研
　　　　究所籌備處，1995 年 6 月），頁 432。
〔註23〕曹永和、包樂史：〈小琉球原住民的消失——重拾失落臺灣歷史一頁〉，收錄
　　　　於潘英海、詹素娟主編：《平埔研究論文集》（臺北市：中央研究院臺灣史研
　　　　究所籌備處，1995 年 6 月），頁 432。
〔註24〕曹永和、包樂史：〈小琉球原住民的消失——重拾失落臺灣歷史一頁〉，收錄
　　　　於潘英海、詹素娟主編：《平埔研究論文集》（臺北市：中央研究院臺灣史研
　　　　究所籌備處，1995 年 6 月），頁 432。

留住該地。這場荷蘭人對小琉球的掃蕩與逮捕，滯留該島的原住民已經所剩無幾，荷治當局就按照原定政策，將小琉球贌租給中國人，由中國人招漢佃開墾。小琉球改變為中國人的活動圈，成為採集椰子和捕魚的場所。

鄭成功即將攻臺的消息傳到大員時，荷蘭人為避免中國人勢力來個裡應外合，於是下令人們立即返回普羅民遮城（Provintia）。據《臺灣經濟史三集‧被遺誤之臺灣》中記載：「下令在外邊的各地方的屋上的門和窗都要拆下來，搬到 Provintia 要塞中來保存。中國人有乘小船逃走者，被迫回來，又有若干小船，躲在海邊，是要載中國人和他們的財物而逃走的，也都被帶回來了。又把聚集在打狗（TanKoYa）及小琉球島（Lamey 島）上許多中國人驅散，叫他們都到要塞裏來。以前受特別許可住在 Lamey 的椰樹島上的 13 個中國人也都被叫回來了。」〔註25〕

不過，荷蘭人下達的命令，人們並未完全遵從，隨著戰爭局勢的形成，許多中國人開始從熱蘭遮城（Zeelandia）逃亡。據《巴達維亞城日記》記載：「多數中國人，尤其其妻兒則自 Zeelandia 市鎮逃亡至赤嵌及更內地方面，其一部分則逗留於 Smeerdorp 附近，給予在該地三板船及其他船頭金錢，請於擾亂之際，渡航至小琉球島、澎湖或中國。」〔註26〕之後，荷蘭人 Klenke 率領的船隻遇疾風，抵達小琉球，得知鄭成功已將 Formosa 全島收入手中消息，乃將自巴達維亞同行的中國人 15 人令其登陸小琉球，再航向大員。〔註27〕

中國人初到臺灣，主要的是從事漁業。荷蘭人的進入臺灣，其目標是在獵取商業上的利益，並沒有作農業移民的決心。荷蘭人要的是勞力，所以在入臺之初，即設法要吸收人口。〔註28〕後來明鄭進入臺灣開墾，其實基本上是經濟利益及政治的動亂兩大因素。據《臺灣經濟史三集‧被遺誤之臺灣》中提到：

> 國姓爺已作大規模的準備，充分地裝備他的軍隊，要打臺灣，而因

〔註25〕C．E．S 原著、周學普譯、臺灣銀行經濟研究室編輯：《臺灣經濟史三集》（臺北市：臺灣銀行，1956 年 4 月），頁 49。

〔註26〕劉寧顏主編、程大學中文翻譯：《巴達維亞城日記》第三冊（臺中市：臺灣省文獻委員會，1990 年 6 月），頁 276。

〔註27〕劉寧顏主編、程大學中文翻譯：《巴達維亞城日記》第三冊（臺中市：臺灣省文獻委員會，1990 年 6 月），頁 242。

〔註28〕曹永和：《臺灣早期歷史研究》（臺北市：聯經出版事業公司，1991 年 11 月，第 4 次印行），頁 168。

滿清人不再像以前那樣使他著急，他知道了臺灣方面已作防禦的準備，且向 Batavia 請求增援，所以他實行進攻臺灣的企圖，等待更適當的時機。這些船也帶來一封信，是住在國姓爺的領域中的一個中國官吏 Gampea 寫給臺灣長官的，其中說道：他覺得很奇怪，聽說臺灣很恐慌和混亂，只因為有虛偽的謠言，說他的長官國姓爺對臺灣和公司不懷好意，他為了長官的名譽，認為有義務聲明：那些謠言都是虛偽無恥的謊話，「國姓爺絕未有侵犯 Tayouan 的意思，因為他認為不值得為了這涸沒有價值的地方而勞民傷財云云。」〔註 29〕

清廷採取斬斷明鄭沿海補給線的方式迫其投降。國姓爺發現自己處境危急，開始找尋安全的容身地方，這時沃野數千里的福爾摩沙島吸引了他的目光，於是著手要取得美麗島。〔註 30〕攻打臺灣是經濟價值與政治因素。

達飛聲（James W. Davidson）的《福爾摩沙島的過去與現在》指出：「整個荷蘭占領福爾摩沙期間，大明國天災人禍不斷，內憂外患頻傳，流寇席捲各地，勢力漸增，最後占領北京城首都。1644 年，清兵入關，將大明殘存勢力逐出北方各省，順治帝獲得『中國皇帝』的尊稱；隔年底，全國 15 省已有 12 省承認大清帝國的正統。大明百姓躲避戰禍，紛紛避居國外，福爾摩沙也因上述長期戰亂，遷入數以萬計的移民。」〔註 31〕如前述，政治動亂，人們遺棄故鄉，遠走臺灣避戰亂，到小琉球開拓是亦然。〔註 32〕

明鄭發展墾殖臺灣的措施，就是招來大陸人民到臺灣拓墾。鄭氏渡臺抗清，清廷實行「遷界禁海」政策，沿海百姓失業流離，明鄭則廣招流民，渡臺墾殖。據連橫著《臺灣通史》記載：「荷人既至，制王田，募民耕之，所產之物，米糖為巨，以其有贏，販運中國，遠至日本南洋，歲值數十萬金。鄭氏因之，改為官田，又布屯田之制，漳、泉、惠、潮之民望風而至，拓地遠及兩

〔註 29〕C．E．S 原著、周學普譯、臺灣銀行經濟研究室編輯：《臺灣經濟史三集》（臺北市：臺灣銀行，1956 年 4 月），頁 49。

〔註 30〕達飛聲原著、陳政三譯著：《福爾摩沙島的過去與現在》（臺南市：國立臺灣歷史博物館，2014 年 9 月，初版），頁 40、41。

〔註 31〕達飛聲原著、陳政三譯著：《福爾摩沙島的過去與現在》（臺南市：國立臺灣歷史博物館，2014 年 9 月，初版），頁 37。

〔註 32〕洪義詳主修、林澤田總編纂：《琉球鄉志》（屏東縣：屏東縣琉球鄉公所，2006 年 12 月），頁 30。

鄙，所產愈豐。」〔註33〕當鄭氏招沿海不願內徙者數十萬人東渡，以實臺地之時，位處東港西南海面的琉球島，或亦有泊碇上陸者。〔註34〕鄭氏王朝的制度，基本上是延續荷治時代的村莊包稅制度。

　　鄭氏王朝統治臺灣期間，約在明永曆 27 年（1673）間，有福建徐姓漁人飄流到旗後街（高雄市旗津區），搭一草寮而開始，其後有洪、王、蔡、李、白、潘等六姓移入。〔註35〕或因地緣之利而移入小琉球。〔註36〕之後，小琉球人也有移居到旗後街。〔註37〕而在高雄市鼓山區哈瑪星有自小琉球移居者，哈瑪星南隔高雄港與旗津區、前鎮區相望。

三、清代領臺時期

　　荷蘭人為鄭成功所驅逐，臺灣成為鄭成功的恢復基地。到了清康熙 22 年（1683）鄭克塽薙髮投降，臺灣開始進入清朝的版圖。清廷派施琅征臺，其目的是消滅鄭氏在臺抗清復明的勢力，並無有領臺之意，後經施琅力陳後，始決保留。清康熙 23 年（1684），設臺灣府隸屬於福建省，領臺灣、鳳山、諸羅三縣，只求安定，並無積極開發經營的打算，其政治採消極的政策。

　　鄭氏末期，因抽丁作戰，農業勞動力頗受影響，開墾工作，漸見衰退，迨清入臺，將鄭氏的兵民送回大陸，對臺灣約束墾殖或約束大陸人民過海到臺，此時臺灣的農業衰落。在康熙 24 年（1685）沈紹宏的請墾荒地呈文：「具稟人沈紹宏為墾思請發給告示開墾事，緣北路鹿野草荒埔，原偽鄭時左武驤將軍舊荒營地一所，甚為廣闊，並無人請耕，伏祈天臺批准。」〔註38〕

〔註33〕連橫：《臺灣通史》（北京：商務印書館出版，1983 年 10 月，二版），卷 27 農業志，頁 455。

〔註34〕洪義詳主修、林澤田總編纂：《琉球鄉志》（屏東縣：屏東縣琉球鄉公所，2006年 12 月），頁 31。

〔註35〕曹永和：《臺灣早期歷史研究》（臺北市：聯經出版事業公司，1991 年 11 月，第 4 次印行），頁 281。另外，據記載移入旗津七姓名為：徐阿華、洪應、王光好、蔡月、李奇、白圭、潘踄等。摘錄自趙莒玲：《臺灣開發故事·南部地區》（臺北市：天衛文化圖書股份有限公司，1998 年 11 月，初版），頁 111。

〔註36〕李宗信：《小琉球的社會與經濟變遷（1622～1945）》（臺南市：國立臺南師範學院臺灣文化研究所碩士論文，2004 年 1 月），頁 29。

〔註37〕受訪者：蔡人寶（男，福壽宮執行長），訪談者：黃永財，地點：高雄市旗津區福壽宮，日期：2019 年 4 月 6 日。

〔註38〕伊能嘉矩：《臺灣文化志》（臺中市：臺灣省文獻委員會，1991 年 6 月），頁 136。

在小琉球方面，鄭氏時期在島上開墾的中國人，可能部分隨著鄭氏王朝的瓦解而撤離，島上幾乎成為「無人島」。臺灣隸清當初，小琉球島上住民情況，據清康熙24年（1685）蔣毓英著《臺灣府志》卷二〈敘山·鳳山縣山〉記載：「西南洋海中突出一峰，林木翁翳，則小琉球山也，此山在鳳山西南，在海洋中。周圍約有三十餘里，埼崁巉險，並無拋泊舟隻處。上多出椰子、竹木，並無人居。」〔註39〕

到了清康熙末年，出現少數漁民登上小琉球島上伐薪木，據清康熙59年（1720）刊行，由陳文達編纂的《鳳山縣志》卷一〈封域志·山川〉記載：「其在西南大海中，突起一峰，鬱乎蒼翠，為小琉球（山下多巉巖巨石，大舟難以灣泊。近有駕小舟到此，斫取薪木）：是又邑治之外輔，若遠而若近者也。」〔註40〕

清康熙60年（1721），朱一貴起兵反清，小琉球有位王忠的住民，隨同反清。據藍鼎元的《平臺紀略》記載：「王忠起小琉球，皆願從君英政府，約朱一貴共事。」〔註41〕又據連橫的《臺灣通史》卷三十〈列傳二·朱一貴〉記載：「粵人杜君英居鳳山之下淡水，聞一貴起兵，揭旗應，有眾數百人。而郭國正、翁義起草潭，戴穆、江國論起下埤頭，林曹、林騫、林璉起新園，王忠起小琉球。」〔註42〕起兵支援杜君英的王忠，應是捕魚採集而在小琉球搭寮居住之人，後在鳳山遭緝捕。

朱一貴起事後，小琉球被劃定為禁界。據黃叔璥撰《臺海使槎錄》卷七〈番俗六考〉南路鳳山番一記載：「小琉球社對東港，地廣約二十餘里：久無番社，餉同瑯嶠、卑南覓，皆邑令代輸。山多林木，採薪者乘小艇登岸：水深難於維繫，將舟牽拽岸上，結寮而居。近因偵緝餘孽，所司絕其往來矣。」〔註43〕

由於小琉球是外海孤嶼，基於海防的因素，所以清廷對於漢人移入有所限制，如清乾隆29年（1746）刊行，王瑛曾的《重修鳳山縣志》卷一〈輿地

〔註39〕清·蔣毓英：《臺灣府志》（南投市：臺灣省文獻委員會，1993年6月），頁18。
〔註40〕清·陳文達編纂：《鳳山縣志》（臺北市：臺灣銀行，1961年10月），頁7。
〔註41〕清·藍鼎元：《平臺紀略》（臺北市：臺灣銀行，1958年4月），頁2。
〔註42〕連橫：《臺灣通史》（北京：商務印書館出版，1983年10月），頁540。
〔註43〕清·黃叔璥：《臺海使槎錄（四）》（臺北：成文出版社有限公司，1983年3月，臺一版），頁149。

志・山川〉記載：「小琉球山，在縣南一百里。孤懸海中，周圍三十餘里。土多沙礫，僅產竹、木、椰子、番薯。下巉石，不堪泊舟，為鳳山水口奉禁界外。」〔註44〕

　　臺灣自清康熙22年（1683）入清朝版圖，從康熙年間開始就有變亂，直至清嘉慶年間就有十多起變亂，其變亂有：

　　　　自康熙二十二年入版圖，三十五年則有吳球之亂，四十年有劉卻之亂，六十年有朱一貴之亂，雍正九年，吳福生亂於岡山。乾隆三十五年，黃教亂于大穆降。五十一年，林爽文、莊大田相繼亂，北路先陷，南路應之。六十年，陳光愛、陳周全相繼亂，南路甫平，北路旋失。汪降之亂也在嘉慶五年，許北之亂也在十五年。中更間以蔡牽之亂，則吳淮泗陷鳳山矣，胡杜侯之亂，則陳錫宗據曾文矣。百三十年，變亂十一見。近者，楊良斌之事，又用兵，雖饒富其何堪乎？且亂賊如吳球也、朱一貴也、莊大田也、陳光愛也、汪降與許北也、吳淮泗與楊良斌也，皆鳳山之事。前後十二亂，鳳山獨居其八。此一隅兵燹尤多者，何也？則近郡之故也。〔註45〕

臺灣在清乾隆與嘉慶二朝發生不少變亂，如乾隆年間黃教、林爽文、莊大田、陳光愛、陳周全相繼亂。而清嘉慶則有多起變亂，清廷為剿捕餘孽而查口岸，直至清道光年間，仍未開放。相對的，小琉球此時人口移入深受影響。

　　從清乾隆55年（1790）以後移入小琉球的戶口數量逐漸下降。〔註46〕到清同治年間居住在小琉球戶數還是很少，據清同治年間編纂的《臺灣府輿圖纂要》中〈鳳山縣輿圖冊〉記載：「小琉球山：距縣城南水程一百八十里。縣南大海中孤嶼，周圍三十餘里：蒼蔚蔥籠，遠望若天際浮雲一抹。中多產竹子、椰子。山腳四面皆巉岩巨石，激浪吞波：並無港澳可泊船隻。所居皆漁人、蜑戶，寥寥數十家而已。」〔註47〕

〔註44〕清・王瑛曾編撰：《重修鳳山縣志》（南投市：臺灣省文獻委員會，1993年6月），頁19、20。
〔註45〕清・姚瑩：《東槎紀略》（臺北市：臺灣銀行，1957年11月），頁5、6。
〔註46〕李宗信：《小琉球的社會與經濟變遷（1622～1945）》（臺南市：國立臺南師範學院臺灣文化研究所碩士論文，2004年1月），頁32。
〔註47〕孔昭明發行：《臺灣府輿圖纂要》（臺北市：臺灣大通書局，1984年10月，第1版），頁138。

　　牡丹事件，清同治13年（1874），日本以「懲辦兇手」為藉口，出兵攻打臺灣南部牡丹社等原住民。使清廷意識到臺灣的重要性，對臺灣的治理政策轉向積極，開始加強對臺灣的建設。清廷欽命大臣沈葆楨認為有必要立即加強島上防務，遂留臺督辦。由於牡丹事件，清廷對臺灣的重視，因為政策開放，使得小琉球人口逐漸增加。據清光緒5年（1879），夏獻綸撰《臺灣輿圖》中〈鳳山縣輿圖說略〉記載：「又有小琉球島者，在縣南六十里，與東港對峙，孤懸海中，週圍約二十里；居民三百四十餘戶，男女二千餘口，地不產五穀，以捕魚兼蒔雜糧為生。光緒三年，恐宵小之易於藏匿也，亦屯兵戍守之。」〔註48〕清光緒3年（1877），小琉球開始有兵員戍守島上。

　　到了清光緒20年（1894），盧德嘉的《鳳山縣采訪冊》中〈地輿・諸山〉，對於小琉球人口的記載：

> 小琉球島（俗呼為剖腹山），在港東里，縣東南六十里〔註49〕，與鳳鼻山對峙（按昔人有以小琉球為靈芝草者，雲鳳鼻山下有石線一條，從海底過脈），孤懸海中，周圍二十餘里（東西相距四里許，南北相距六里許，積方二十四里有奇），澳、莊各六（按六澳東曰大蔡澳，西曰杉板路澳，南曰天臺澳，北曰白沙尾澳，西北曰花瓶仔澳，東南曰厚石澳；六莊即打牛崎莊、尖山莊、相思埔莊、魚埕尾莊、濫潭莊、龜仔路腳莊是也），居民四百餘戶，男女二、三千口。地不差五穀，以捕魚兼蒔雜糧為生。〔註50〕

到了清末，定居在小琉球島上人口始有相當的增加，各有六澳及六莊，住民有400餘戶，人口男女約2,000～3,000人。

〔註48〕清・夏獻綸：《臺灣輿圖》（南投市：臺灣省文獻委員會，1996年9月），頁15。

〔註49〕臺灣銀行，1960年8月出版的《鳳山縣采訪冊》中，如港東「裡」、六十「裡」，應作「里」。本書修正「裡」，書寫「里」，以下亦同。

〔註50〕清・盧德嘉：《鳳山縣采訪冊》（第一冊）（臺北市：臺灣銀行，1960年8月），頁31。

附錄四：屏東縣琉球鄉碧雲寺、高雄市大崗山超峰寺 「六十甲子籤詩」

屏東縣琉球鄉碧雲寺、高雄市大崗山超峰寺「六十甲子籤詩」典故故事及籤詩一覽表

籤序	籤 詩		籤題（典故故事）	
籤頭	碧雲寺			
	籤頭百事良　添油大吉昌 萬般皆如意　富貴福壽長			
	超峰寺			
	籤頭百事皆大吉　求神許願可得力 添油添香增福壽　即達平坦始自由			
			碧雲寺	超峰寺
第1籤 甲子	日出便見風雲散　光明清淨照世間 一向前途通大道　萬事清吉保平安		包文振審張世真	包公請雷驚仁宗
第2籤 甲寅	于今此景正當時　看看欲吐百花魁 若能遇得春色到　一酒清吉脫塵埃		薛交葵過採樓得繡球	陳東初祭梅趙子龍救阿斗
第3籤 甲辰	勸君把定心莫虛　天註姻緣自有餘 和合重重常吉慶　時來終遇得明珠		胡鳳嬌到家空成姻	朱德武入寺相分明
第4籤 甲午	風恬浪靜可行舟　恰是中秋月一輪 凡事不須多憂慮　福祿自有慶家門		趙子良救阿斗	盧龍王次子招親
第5籤 甲申	只恐前途命有變　勸君作急可宜先 且守長江無大事　命逢太伯守身邊		韓文公秦嶺凍霜雪	王剪戰袁達
第6籤 甲戌	風雲致雨落洋洋　天災時氣必有傷 命內此事難和合　更逢一足出外鄉		劉智遠戰瓜精	鳥精亂宋朝
第7籤 乙丑	雲開月出正分明　不須進退向前程 婚姻皆由天註定　和合清吉萬事成		鬱遲恭掛帥	國公暗察白袍將
第8籤 乙卯	禾稻看看結成完　此事必定兩相全 回到家中寬心坐　妻兒鼓舞樂團圓		朱弁回家	薛仁貴回家
第9籤 乙巳	龍虎相隨在深山　君爾何須背後看 不知此去相愛慔　他日與我卻無干		龍虎相會	龍府軍鬥
第10籤 乙未	花開結子一半枯　可惜今年汝虛度 漸漸日落西山去　勸君不用向前途		奉吟受災	岳飛掠秦檜
第11籤 乙酉	靈難漸漸見分明　凡事且看子丑寅 雲開月出照天下　郎君即便見太平		高求楊戩鄍權	韓文公過泰巔湘子掃霜雪

第 12 籤 乙亥	長江風浪漸漸靜 必有貴人相扶助	于今得進可安寧 凶事脫出見太平	桃花女流勿太歲	智遠戰瓜精
第 13 籤 丙子	命中正逢羅孛關 作福問神難得過	用盡心機總未休 恰是行舟上高灘	三葬被火燒火孩兒	渡伯行船遇太歲
第 14 籤 丙寅	財中漸漸見分明 寬心且看月中桂	花開花謝結子成 郎君即便見太平	曹公賜雲長馬炮金銀	桃園三結義
第 15 籤 丙辰	八十原來是太公 目下緊事休相問	看看晚景遇文王 勸君且守待運通	渭水河釣魚武吉挑柴打死人	渭水河太公釣魚
第 16 籤 丙午	不須作福不須求 陽世不知陰世事	用盡心機總未休 法官如爐不自由	李世民遊地府	李世民初遊地府
第 17 籤 丙申	舊恨重重未改為 須當謹防宜作福	家中禍患不臨身 龍蛇交會得和合	薛公大鬧花燈驚死太子跌死聖駕	姜尚未卜吉凶事莊子破棺
第 18 籤 丙戌	君問中間此言因 若得貴人多得利	看看祿馬拱前程 和合自有兩分明	秦叔寶救李淵獻家	楊管醉玉全坐馬
第 19 籤 丁丑	富貴由命天註定 不然且回依舊路	心高必然誤君期 雲開月出自分明	范丹妻殺九夫未出身	紅孩兒捷住路頭
第 20 籤 丁卯	前途功名未得意 兩家必定防損失	只恐命內有交加 勸君且退莫咨嗟	薛丁山著飛刀	孫悟空大難火災
第 21 籤 丁巳	十方佛法有靈通 紅日當空常照耀	大難禍患不相同 還有貴人到家堂	朱壽昌辭官尋母	朱壽昌尋母在長亭
第 22 籤 丁未	太公家業八十成 命內自然逢大吉	月出光輝四海明 茅屋中間百事亨	周文王拖車	文王為姜太公拖車
第 23 籤 丁酉	欲去長江水闊茫 如今絲綸常在手	前途未遂運未通 只恐魚水不相逢	姜子牙送飯為武吉掩掛	周王姐可遇陳春生
第 24 籤 丁亥	月出光輝四海明 浮雲掃退終無事	前途祿位見太平 可保禍患不臨身	文良招讚救宗寶	秦叔寶救李淵
第 25 籤 戊子	總是前途莫心勞 但看雞犬日過後	求神問聖枉是多 不須作福事如何	胡鳳嬌觀音寺行香求籤	無典故故事
第 26 籤 戊寅	選出牡丹第一枝 世間若問相知處	勸君折取莫遲疑 萬事逢春正及時	薛丁山破收飛刀	范丹洗浴遇賢妻
第 27 籤 戊辰	君爾寬心且自由 財寶自然終吉利	門庭清吉家無憂 凡事無傷不用求	崔文德請鳳嬌	胡完救文氏母女
第 28 籤 戊午	於今莫作此當時 世間凡事何難定	虎落平洋被犬欺 千山萬水也遲疑	石順孝遇李克用收為誼子	李存孝打虎
第 29 籤 戊申	枯木可惜逢春時 寬心且守風霜退	如今且在暗中藏 還君依舊作乾坤	關雲長斬蔡陽	古城會關公斬蔡陽
第 30 籤 戊戌	漸漸看此月中和 改變顏色前途去	過後須防未得高 凡事必定見重勞	薛丁山三請樊梨花	豬哥過柿山

第 31 籤 己丑	祿柳蒼蒼正當時 花菓結實無殘謝	任君此去作乾坤 福祿自有慶家門	董永逢多市仙女送孩兒	董永皇都市仙人送孫兒
第 32 籤 己卯	龍虎相隨前門前 黃金忽然變成鐵	此事必定兩相連 何用作福問神仙	劉備入吳進贅	龍虎交會
第 33 籤 己巳	欲去長江水闊茫 戶內用心再作福	行舟把定未遭風 看看魚水得相逢	劉備入東吳進贅	銅銀買紙靴
第 34 籤 己未	危險高山行過盡 若見蘭桂漸漸發	莫嫌此路有重重 去蛇反轉變成龍	曹操潼關遇馬超	曹公童關遇馬超
第 35 籤 己酉	此事何須用心機 看看此去得和合	前途變怪自然知 漸漸脫出見太平	吳漢殺妻為母救主	吳漢殺妻
第 36 籤 己亥	福如東海壽如山 命內自然逢大吉	君爾何須嘆苦難 祈保分明得平安	李世民落海灘	薛仁貴救
第 37 籤 庚子	運逢得意身顯變 一向前途無難事	君爾身中皆有益 決意之中保清吉	正德君戲李鳳姐	正德君看呼綠牡丹開
第 38 籤 庚寅	明顯有意在中間 早晚看看日過後	不須祈禱心自安 即時得意在中間	三請孔明先生	劉備三請孔明茅盧三分
第 39 籤 庚辰	意中若問神仙路 寬心且亦寬心坐	勸爾且退望高樓 必然遇得貴人扶	孔子答小兒	楊文廣被困柳州城
第 40 籤 庚午	平生富貴成祿位 此中必定無損失	君家門戶定光輝 夫妻百歲喜相隨	三元會喜葛奇諒蔡坤賣詩	三元會葛其量夫妻相會
第 41 籤 庚申	今行到此實難推 雞犬相聞消息近	歌歌暢飲自徘徊 婚姻夙世結成雙	割主拖木屐三伯探英台	王小姐為色事到禍審英月
第 42 籤 庚戌	一重江水一重山 任他改變終不過	誰知此去路又難 是非終久未得安	孟姜女哭倒萬里長城送寒衣	孟姜女送寒衣哭倒萬里長城
第 43 籤 辛丑	一年作事急如飛 貴人還在千里外	君爾寬心莫遲疑 音信月中漸漸知	三審報喜蘇秦假不弟	偶才母子井邊相會
第 44 籤 辛卯	客到前途多得利 雖是中間逢進退	君爾何故兩相疑 月出光輝得運時	洪益春留傘愛陳三	益春留傘
第 45 籤 辛巳	花開今已結成菓 君子小人相會合	富貴榮華終到老 萬事清吉莫煩惱	薛仁貴困白虎關父子不相逢	孔夫子過番逢小兒
第 46 籤 辛未	功名得意與君顯 若無一輪明月照	前途富貴喜安然 十五團圓照滿天	江中立遇永祿君	江中立欽賜狀元
第 47 籤 辛酉	君爾何須問聖跡 于今且看月中旬	自己心中皆有益 凶事脫出化成吉	李三娘井邊會	劉永做官蔭妻兒
第 48 籤 辛亥	陰世作事未和同 心中意欲前途去	雲遮月色正朦朧 只恐命內運未通	蜻蜓入蜘蛛網	蜻蜓飛入蜘蛛網
第 49 籤 壬子	言語雖多不可從 暗中終得明消息	風雲靜處未行龍 君爾何須問重重	銀妹答佛印	佛印稍婆答歌詩

第 50 籤 壬寅	佛前發誓無異心 此物原來本是鐵	且看前途得好音 也能變化得成金	小兒遇三煞	小兒路遇惡鬼
第 51 籤 壬辰	東西南北不堪行 勸君把定莫煩惱	前途此事正可當 家門自有保安康	宋朝趙匡胤困河東	趙玄郎河東大戰龍虎關
第 52 籤 壬午	功名事業本由天 若問中間遲與速	不須掛念意懸懸 風雲際會在眼前	上帝公收龜蛇	上帝公收龜蛇
第 53 籤 壬申	看君來問心中事 運亨財子双双至	積善之家慶有餘 指日喜氣溢門閭	蘇秦回家假不第	蘇秦夫妻相會
第 54 籤 壬戌	孤燈寂寂夜沉沉 若逢陰中有善果	萬事清吉萬事成 燒得好香達神明	小姐求佛嫁良緣	念月英求佛嫁良緣
第 55 籤 癸丑	須知進退是虛言 珠玉深藏還未變	看看世事未必全 心中但得枉徒然	玉當春求佛嫁良緣	郭華醉酒誤佳期
第 56 籤 癸卯	病中若得苦心勞 去後不須回頭問	到底完全總未遭 心中事務盡消磨	楊戩得病	楊官得病在西軒
第 57 籤 癸巳	勸君把定心莫虛 到底中間無大事	前途清吉喜安然 又遇神仙守安居	龐涓孫臏學法	白蛇精遇許漢文
第 58 籤 癸未	蛇身意欲變成龍 久病且作寬心改	只恐命內運未通 言語雖多不可從	袁達入照團關	白蛇精往南海遇漢文
第 59 籤 癸酉	有心作福莫遲疑 此事必能成會合	求名清吉正當時 財寶自然喜相隨	老鼠精亂宋朝	皇都市上有神仙
第 60 籤 癸亥	月出光輝本清吉 戶內用心再作福	浮雲總是蔽陰色 當官分理便有益	楊六婿斬子	薛剛踢死太子驚崩聖駕

資料來源：1. 小琉球碧雲寺、高雄市大崗山超峰寺。　2. 筆者田野調查整理。

附錄五：屏東縣琉球鄉碧雲寺藥籤藥方（大人科）
──三種藥簿

琉球鄉碧雲寺藥籤藥方（大人科）──三種藥簿對照一覽表

	碧雲寺存檔		陳富濱		陳鈺淑碩論	
籤序	藥籤內容	用法	藥籤內容	用法	藥籤內容	用法
1	灶心土五分鳳凰退五分風蔥一支 燈心七條	水一碗煎五分	風蔥一支 灯心十條 雞蛋壳一錢 灶心土一錢	水一碗煎五分	灶心土一錢 鳳凰退一錢 風蔥（蔥）一支 燈心七條	以水煎服

2	白朮一錢 淮山一錢 土茯一錢 白菊四分 甘菊四分	水一碗 煎五分	白述一錢 淮山一錢 土茯一錢 甘菊花四分	水碗二 煎五分 服	白朮一錢 土茯一錢 淮山一錢 金菊四分	以水煎服
3	連子一錢五分 淮山一錢 土茯一錢 金英一錢	水一碗 煎四分	蓮子一錢半 淮山一錢 土茯一錢 金英一錢	水一碗 煎五分	連子一錢半 淮山一錢 土茯一錢 金英根一錢	以水煎服
4	馬尾須一錢 豆叩一錢 金英五分 淮七五分	水一碗 煎四分	馬尾絲一錢 淮七五分 金英一錢 神糰一錢	水一碗 煎四分	馬尾系一錢 白豆蔻一錢 金英根一錢 淮七五分	以水煎服
5	木通一錢 炙草一錢 淮七一錢	水一碗 煎四分	木通一錢 炙草一錢 淮膝一錢	水一碗 煎四分	木通一錢 蜜草一錢 淮七一錢	以水煎服
6	煆別甲一錢公 石松一錢 鳳凰退一錢	水八分 煎四分	別甲一錢 石松一錢 鳳退一錢	水一碗 煎四分	別甲一錢 石鬆一錢 鳳凰退一錢	以水煎服
7	油歸一錢 白眉一錢 淮山一錢 炙草一錢 茵陳一錢	水碗二 煎六分	當歸一錢 白楣一錢 淮山一錢 炙草一錢 茵陳一錢	水碗二 煎六分	當歸一錢 白微一錢 淮山一錢 蜜草一錢 茵陳一錢	以水煎服
8	蟬退一錢 神殼一錢 淮山一錢 金英一錢 枳殼一錢	水碗二 煎六分	金蟬一錢 枳殼一錢 神殼一錢 淮山一錢 金英一錢	水一碗 煎五分	蟬退一錢 神殼一錢 淮山一錢 金英根一錢 枳殼一錢	以水煎服
9	竹茹五分 麥芽四分 蟬退三分 麥冬一錢	水碗二 煎六分	竹茹五分 麥芽一錢 金蟬三個 麥芽四分	水一碗 煎五分	竹茹五分 麥芽四分 蟬退四分 麥文一錢	以水煎服
10	連召一錢 土茯一錢 歸中一錢 白朮一錢 枳殼一錢 木通五分	水碗四 煎七分	連翹一錢 土茯一錢 歸中一錢 白朮一錢 枳壳一錢 木通五分	水一碗 四煎七 分	連召一錢 土茯一錢 當歸一錢 白朮一錢 只殼一錢 木通五分	以水煎服

11	淮山一錢 牛七一錢 木通一錢 金英一錢 茵陳四分 割根五分	水碗四 煎七分	淮山一錢 牛膝一錢 金英一錢 茵陳四分 刈根五分 木通一錢	水一碗 四煎七 分	淮山一錢 牛七一錢 木通一錢 茵陳四分 葛根五分 金英根一錢	以水煎 服
12	白菊四分 白芷四分 連子四分 淮山一錢 甘草三分	水七分 煎三分	白菊四分 白芷四分 蓮子四分 淮山一錢 甘草三分	水七分 煎三分	白菊四分 白芷四分 連子四分 淮山一錢 甘草三分	以水煎 服
13	淡竹一錢 金英一錢 朴硝一錢 支子五分 射干五分 白芷四分 陳皮四分	水碗二 煎四分	淡竹一錢 金英一錢 支子五分 朴硝一錢 射干五分 白芷四分 六味丸四分	水碗半 煎七分	淡竹一錢 金英根一錢 朴硝一錢 支子五分 射干五分 白芷四分 陳皮四分	以水煎 服
14	山甲五分 皂刺五分 射干五分 別甲一錢 麥冬一錢	水一碗 煎四分	山甲五分 皂莿五分 射干五分 鱉甲一錢 麥文一錢	水一碗 煎五分	山甲五分 皂刺五分 射干五分 別甲一錢 麥文一錢	以水煎 服
15	白朮一錢 淮山一錢 牛七一錢 木通一錢 歸中五分	水碗二 煎五分	白朮一錢 淮山一錢 牛七一錢 木通一錢 歸中五分	水一碗 煎五分	白朮一錢 淮山一錢 牛七一錢 木通一錢 當歸五分	以水煎 服
16	綠豆殼一錢 淮七一錢 知母一錢 酒軍五分	水碗二 煎七分	綠豆壳一錢 淮七一錢 知母一錢 酒軍五分	水一碗 煎五分	綠豆殼一錢 淮七一錢 知母一錢 大黃五分	以水煎 服
17	白朮一錢 白菊一錢 淮山一錢 甘菊五分 柴胡四分	水一碗 煎五分	白朮一錢 白菊一錢 淮山一錢 甘菊五分 柴胡四分	水一碗 煎五分	白朮一錢 白菊一錢 淮山一錢 金菊五分 柴胡四分	以水煎 服

18	公石松五分 別甲一錢 麥芽三分 柿蒂七個	水一碗 煎五分	別甲一錢 石松五分 柿蒂七個 麥芽三分	水一碗 煎五分	石松五分 別甲一錢 麥芽三分 柿蒂七個	以水煎 服
19	鳳凰退四分 益母草一錢 枳殼一錢 金英根一錢	水一碗 煎四分	風退四分 益母一錢 金英一錢 枳売一錢	水一碗 煎五分	鳳凰退四分 益母草一錢 只殼一錢 金英根一錢	以水煎 服
20	酒軍一錢 淮山一錢 牛七一錢 歸中一錢	水一碗 煎四分	酒軍一錢 蘇淮一錢 牛七一錢 歸中一錢	水一碗 煎五分	大黃一錢 淮山一錢 牛七一錢 當歸一錢	以水煎 服
21	鳳凰退四分 油蟲沙四分 小金桔三粒 冬瓜三條	水一碗 煎四分	雞蛋壳五分 油虫珠五分 金橘三粒 冬瓜三條	水一碗 煎五分	鳳凰退四分 油蟲珠四分 金桔三粒 冬瓜三條	以水煎 服
22	六味三分 蟬退三分 柿蒂三個	水一碗 煎五分	六味三分 金蟬三分 柿蒂三個	水一碗 煎五分	六味丸六粒 蟬退三分 柿智（同柿帝） 三個	以水煎 服
23	木通一錢 木賊一錢 枳殼一錢 支子一錢 檳榔五分 燈心七條	水一碗 煎五分	木通一錢 木賊一錢 枳売一錢 支子一錢 梹榔五分 燈心七條	水一碗 煎五分	木通一錢 木賊一錢 只殼一錢 支子一錢 檳榔五分 燈心七條	以水煎 服
24	常山一錢 檳榔五分 烏豆七粒 腐豆三粒	水八分 煎四分	常山一錢 梹榔五分 烏豆七粒 白豆三粒	水一碗 煎五分 服	常山一錢 檳榔五分 黑豆七粒 扁豆三粒	以水煎 服
25	青仁烏豆四粒 黑姜一錢 茵陳一錢 淮山一錢	水一碗 煎五分	烏豆四分 黑姜一錢 茵陳一錢 淮山一錢	水一碗 煎五分	黑豆四粒 黑姜一錢 茵陳一錢 淮山一錢	以水煎 服
26	枳殼一錢 白朮一錢 桔梗五分 鳳凰退五分甘 草四分	水一碗 煎五分	只殼一錢 白朮一錢 桔梗五分 鳳凰退五分甘 草五分	水一碗 煎五分	只殼一錢 白朮一錢 桔梗五分 甘草四分 鳳凰退四分	以水煎 服

27	茯苓一錢 干割一錢 竹茹一錢 川芎一錢 歸全一錢 淮山一錢	水碗四 煎七分	茯苓一錢 刈根一錢 竹茹一錢 川芎一錢 歸全一錢 淮七一錢	水碗四 煎七分	茯苓一錢 葛根一錢 竹茹一錢 川芎一錢 當歸一錢 淮山一錢	以水煎 服
28	神殼一錢 六味四分 甘草五分	水一碗 煎四分	神壳一錢 六味四分 甘草五分	水碗四 煎七分	神殼一錢 六味丸六粒 甘草五分	以水煎 服
29	木通一錢 甘菊一錢 枳殼一錢 淮山一錢 甘草四分	水一碗 煎四分	木通一錢 甘菊一錢 只壳一錢 淮山一錢 甘草四分	水碗四 煎七分	木通一錢 金菊一錢 只殼一錢 淮山一錢 甘草四分	以水煎 服
30	歸全一錢 谷精五分 別甲五分 白芷五分 甘草五分	水一碗 煎五分	歸全一錢 谷精五分 鱉甲五分 白芷五分 甘草五分	水一碗 煎五分	當歸一錢 谷精五分 別甲五分 白芷五分 甘草三分	以水煎 服
31	黃芩一錢 藍色菊一錢 白菊一錢 柴胡一錢 油蟲沙一錢半 黃金散五分	水一碗 煎五分	黃芩一錢 藍色菊一錢 白菊一錢 柴胡一錢 油蟲二分 黃金散五分	水一碗 煎五分	黃岑一錢 金菊一錢 白菊一錢 柴胡一錢 油蟲珠二分	以水煎 服
32	紫蘇一錢 茯苓干一錢 卜荷四分 益母草七分 生薑三片 烏糖一角	水一碗 煎五分	紫蘇一錢 茯苓干一錢 卜荷四分 益母七分 生姜三片 烏糖一角	水一碗 煎五分	只蘇一錢 茯苓一錢 卜荷四分 益母草七分 生姜三片 黑糖一兩	以水煎 服
33	竹茹一錢 槐花一錢 木賊二錢 川連四分 白芷四分 膽草七分 鳳凰退七個	水一碗 煎五分	竹茹一錢 槐花一錢 木賊一錢 川蓮四分 白芷四分 胆草七分 鳳凰七個	水碗二 煎六分	竹茹一錢 槐花一錢 木賊二錢 黃連四分 白芷四分 膽草七分 鳳凰退二錢	以水煎 服

34	川連四分 黃柏五分 枳殼一錢 神殼七分 黃芩七分	水一碗 煎五分	川蓮四分 黃柏五分 枳壳一錢 神秞七分 黃岑七分	水一碗 煎五分	黃連四分 黃柏五分 只殼一錢 神殼七分 黃岑七分	以水煎 服
35	黑支子四分 甘草四分 川貝七分 茅心七條 燈心十一條	水九分 煎四分	黑支四分 甘草四分 川貝七分 茅心七條 灯心十一條	水九分 煎四分	黑支子四分 甘草四分 貝母七分 茅根七節 燈心十二條	以水煎 服
36	當歸一錢 川貝一錢 牛七一錢半 赤茯苓一錢半 川烏（首烏） 一錢	水碗四 煎七分	當歸一錢 川貝一錢 牛膝錢半 赤茯錢半 川烏一錢	碗四煎 七分	當歸一錢 貝母一錢 牛七一錢半 赤岑一錢半 川烏（藥草名） 一錢	以水煎 服
37	青石松二錢 京芥一錢半 防風一錢半	水一碗 煎四分 沖安南 香二分 服	青石松二錢 荊芥一錢半 防豊一錢半	水碗半 煎六分 煎好沖 安南香 服二分	石松二錢 京芥一錢半 防風一錢半 沉香二分	以水煎 服
38	黑姜一錢 白義子四分 烏豆四分 棚椒七粒 紅棗七粒	水一碗 煎五分	白古月七個 白菓子四分 烏棗四粒 黑姜一錢	水一碗 煎五分	黑姜一錢 白芥子四分 烏棗四分 黑古月七粒 紅棗七粒	以水煎 服
39	杜仲一錢半 歸中一錢半 連子一錢 牛七一錢	水一碗 煎四分	杜仲錢半 連子一錢 牛七一錢歸中 錢半	水一碗 煎四分	北仲一錢半 當歸一錢半 連子一錢 牛七一錢	以水煎 服
40	麥芽一錢 麥文一錢 蟬退七個 柿蒂七個 淡竹葉一錢半	水碗二 煎五分	麥芽一錢 麥文一錢 蟬退七個 柿蒂七個 淡竹錢半	水一碗 煎六分	麥芽一錢 麥文一錢 蟬退七個 柿智七個 淡竹（即竹葉） 一錢半	以水煎 服

41	川貝一錢 射干一錢 木通一錢 連召一錢 桔梗一錢半 甘草四分	水碗二 煎六分	川貝一錢 半夏一錢 木通一錢 連召一錢 桔梗錢半 甘草四分	水一碗 二煎六 分	貝母一錢 射干一錢 木通一錢 連召一錢 桔梗一錢半 甘草四分	以水煎 服
42	川連 大黃 膽草 柳枝 鐵釘	看病人 勇弱加 減 水不拘 煎服	川連一錢 大黃一錢 胆草一錢 柳支黃一錢 舊鐵釘一支	水不拘 煎服看 病人強 弱加減	黃連五分 大黃五分 膽草一錢 柳枝癀（藥草 名）一錢 舊鐵釘一支	以水煎 服
43	公石松一錢半 美色殼一錢半 細辛一錢 赤茯苓一錢 膽草七分 半下七分 龍角須七分	水碗二 煎六分	石松錢半 英色壳錢半 細辛一錢 赤苓一錢 胆草七分 半下七分 馬尾絲七分	水碗二 煎七分	石松一錢半 粟殼一錢半 細辛一錢 赤苓一錢 膽草七分 半下七分 馬尾系七分	以水煎 服
44	白朮一錢半 連召一錢半 木賊一錢半 谷精一錢半 川貝一錢 半夏一錢 膽草四分	水碗二 煎六分	白朮錢半 連召錢半 谷精錢半 木賊錢半 川貝錢半 半下一錢 胆草四分	水碗半 煎七分	白朮一錢半 連召一錢半 木賊一錢半 谷精一錢半 貝母一錢 半下一錢 膽草四分	以水煎 服
45	馬蹄香二分 枯心四分 生箔四分 卜荷	水不拘 煎服	生馬蹄金五分 生菊心四分 生枸杞心四分	水不拘 煎服	馬蹄金四分 枯凡（藥草 名） 四分 卜荷四分	以水煎 服
46	甘草粉四分 人中白四分 美色殼四分	用白沸 湯沖服 二、三 次癒	甘草粉四分 人中白四分 英色壳四分	用百沸 湯沖服 三、四 次全癒	甘草粉四分 中白四分 粟殼四分 旋覆花一錢	煎湯
47	馬蹄香二分 白茯苓四分 公石松四分	水不拘 煎服	馬蹄金二分 白茯苓四分 石松干四分	水不拘 煎服	馬蹄金二分 茯苓四分 石松四分	以水煎 服

48	川連四分 甘菊三分 冬瓜三條	水不拘煎服	川連四分 甘菊三分 冬瓜七條	水不拘煎服	黃連四分 金菊三分 冬瓜七條	以水煎服
49	金桔餅七個 燈心十二條 粗糠米一錢	水不拘煎服	金橘七粒 粗糠平一錢灯心十二條	水不拘煎服	桔餅一兩 燈心十二條 粟殼一錢	以水煎服
50	金色銀一錢 糯米一錢 青仁烏豆三粒 白胡椒三粒 紅棗七粒	水不拘煎服	金色銀糯米一錢 青仁烏豆二粒 紅棗七粒 白古月二粒	水不拘煎服	金包銀 糯米一錢半 黑豆七粒 白古月七粒 紅棗七粒	以水煎服
51	枳殼四分 木賊四分 槐花三分 共研末	用滾水沖蜜服	枳壳四分 木賊四分 槐花三分 共為末	用滾水沖蜜服	只殼四分 木賊四分 槐花三分	以水煎服
52	生地一錢半 連召四分 山甲五分 土茯七分 皂刺七分	水一碗煎四分	生地錢半 連召四分 山甲五分 土茯七分 皂莿七分	水一碗煎五分	生地一錢半 連召四分 山甲五分 土茯七分 皂刺七分	以水煎服
53	淡竹三分 茯苓三分 麥冬四分 烏糖一支	水不拘煎茶服	淡竹三分 茯苓三分 麥文四分 烏糖多少	水不拘煎作茶長服	淡竹三分 茯苓三分 麥文四分 黑糖二錢	以水煎服
54	木通四分 烏棗四分 木賊三分	水不拘煎服	木通四分 烏棗四分 木賊三分	水不拘煎服	木通四分 烏棗四分 木賊三分	以水煎服
55	常山三分 發冬三分 檳榔一錢 柿智三個	水八分煎五分	常山八分 麥冬八分 檳榔一錢 柿蒂十二個	水一碗煎五分	常山三分 麥文三分 檳榔一錢 柿智三個	以水煎服
56	冬瓜三條 冰糖一兩 六味三分	水不拘煎服	六味丸三分 冬瓜二條 冰糖一兩	水不拘煎服	冬瓜三條 冰糖一兩 六味丸六粒	以水煎服
57	柴胡七分 川貝四分 枳殼三分 油虫沙二分 黃金散另包	水不拘煎沖服	柴胡七分 川貝四分 虫沙三分 枳壳三分 黃金散三分另包	水不拘煎沖服	柴胡七分 貝母四分 蠶沙三分 只殼三分 固胃散三分	以水煎服

58	鳳凰退四分 仙查四分 扁豆四分 紫蘇四分 風蔥一支	水不拘 煎服	鳳凰退四分 山查四分 扁豆四分 紫蘇四分 風蔥一枝	不拘水 煎服	鳳凰退四分 仙查肉四分 扁豆四分 只蘇四分 風蔥一支	以水煎 服
59	四神粉二分 松花一分 柿蒂一個	破開入 藥末聯 一支 香久服 二、三 次好	四神粉五分 松花一分	柿菓一 塊破開 入藥粉 聯一支 香久服 二三次 癒	四神粉三分 天花一錢 柿果一粒	以水煎 服
60	附子四分 歸中三分 油桂三分 洋蔘三分 接力肉一兩	水一碗 聯一支 香久	附子四分 歸中三分 油桂三分 洋蔘三分 腰內肉一兩	聯一支 香久	附子四分 當歸三分 油桂三分 洋蔘三分	以水煎 服
61	桔梗四分 射干三分 川連三分	開水不 拘任意 煎服好	桔梗四分 射干三分 川連三分	水不拘 任意煎 服好	桔梗四分 射干三分 黃連三分	以水煎 服
62	真珠散一厘 沈香一分 乳香一分	共研末	真珠散二厘 沉香二分 乳香二分	沖滾水 服癒	珠碧散一分 沉香一分 乳香一分	沖滾水 服
63	鹿仔草三分 泉神殼七分 炒意仁四分	水不拘 煎服	鹿肚草三分 風蔥七分 炒薏仁四分	水不拘 煎服	陸肚草三分 神殼七分 薏仁四分	以水煎 服
64	公石松三分 連子三分 馬尾須二分 姜二分 半夏二分	水不拘 煎服	石松干三分 馬尾系二分 蓮子三分 半夏二分	水不拘 煎服	石松三分 連子三分 馬尾系二分 半下一分	以水煎 服
65	使君子三粒 油虫沙三分 柿蒂三個	水不拘 煎服	使君子三粒 油虫沙三分 柿蒂四大個		使君子三粒 油蟲珠三分 柿智三個	以水煎 服
66	正苦桃三錢 雙寄生三錢	水一碗 煎五分 服之效	正苦桃葉三錢 正雙寄生三錢	水一碗 煎五分	水連葉一錢 桑寄生三錢	以水煎 服

67	小兒水 豬肺一個 帶根風蔥一支 白糊椒七粒	入肺內 水聯一 支香久	不見水豬肺一 個 白古月七粒風 蔥一欉帶根帶 尾	入肺內 水联一 支香久 服	豬肺一個 風蔥一支 白古月七粒 （胡椒粒）	入肺水 燉一支 香久， 並加入 童尿燉 煮
68	香茹四分 赤苓一錢 仙查八分 生薑一片	水八分 煎四分	香茹四分 赤苓一錢 仙查八分 生羌一片	水八分 煎四分	香茹（藥草名） 四分 赤苓一錢 山查八分 生姜一片	以水煎 服
69	中白四分 硃砂四分 牛一厘 黃柏五分共為末 另金蟬三個	煎湯調 服	中白四分 硃砂四分 牛黃一厘 黃柏二分 共為末 另金蟬三個	煎湯泡 胞	中白四分 硃砂四分 牛黃二厘 黃柏五分 金蟬（同蟬退） 三隻（湯頭）	以水煎 服
70	洋蔘四分 白朮四分 角沈四分 珠碧五分	共為末 和飯湯 服	洋蔘四分 白朮四分 角沉四分 朱珀五分 共細末	和飯湯 服	洋蔘四分 白朮四分 沉香四分 珠碧散三分	飯湯服
71	桔梗五分 陳皮五分 赤芍四分 生薑三片	水八分 煎四分	桔梗五分 陳皮五分 赤芍四分 生羌二片	水八分 煎四分	桔梗五分 陳皮五分 赤苓四分 生姜二片	以水煎 服
72	辛夷二錢 細辛一錢半 菜豆殼三錢 小茴八分	用瓦煆 煙鼻聞 之	春花一錢 細辛錢半 小茴八分 綠豆壳三錢	用新瓦 煆煙鼻 孔聞之	春花（同辛夷） 二錢 細辛一錢 綠豆殼三錢 小茴一個	以水煎 服
73	川連四分 枳殼一錢 砂仁少許	水不拘 煎服	川連四分 枳壳一錢 砂仁小許	水六分 煎出味 服	黃連四分 只殼一錢 砂仁一錢	以水煎 服
74	碧末五分 珠砂四分 川連四分 中白少許	共為末 用滾水 調金箔 服	珀末五分 硃砂四分 川連四分 中白小許 共為末	用滾水 調金泊 一帖服	虎碧五分 硃砂四分 黃連四分 中白二分	沖滾水 服

75	萱花一朵 連房一個 白菊花葉七片 苦桃葉三片	水煎出味或服或洗	萱花一朵 蓮房一個 白菊花葉七片 苦桃葉三片	水煎出味或飲或洗皆宜	旋覆花一分 連房一錢 白菊五分 水連葉三片	服洗皆可
76	牛乳樟 半碗飯	調熱酒服	生牛乳半飯碗	調燒酒服	牛乳半碗	調熱酒服
77	白茯苓一錢 沙蔘七分 丹皮四分 甘草三片	水七分煎四分	白茯苓一錢 沙參七分 丹皮四分 甘草三分	水一碗煎五分	茯苓一錢 黨蔘七分 丹皮四分 甘草三分	以水煎服
78	獨活二錢 白芷二錢 木賊八分 生薑一錢半	水九分酒三分用羊舌一個聯而服之	鹿肚草二錢 沉香一錢 木賊八分 生羗錢半 羊舌一個	水九分酒三分聯服	稻草二錢 覆香二錢 木賊八分 生姜二片（一錢半）	以水煎服
79	羊肉半斤 木耳一兩 秋石丹一錢	炒熟而食	羊肉半斤 木耳一耳 秋石丹一錢	炒熟即食	羊肉半斤 木耳一兩 中白一錢	炒熱食
80	蛇退一條 蜈蚣退一條 金蟬五錢 生山甲一兩 鳳凰退七個	用酒炒熟週身而熨	蛇退一條 蜈蚣退一條 山甲一兩 金蟬五個 雞蛋壳七個	用酒炒熱週身而熨貼肚臍半時辰	蛇退一條 蜈蚣一條 山甲三錢 蟬退三錢 鳳凰退三錢	酒炒熱周身燙
81	金沸草一錢 水梨一平 或赤梨一粒	水不拘煎服	金沸一錢 水梨一平 或赤梨一個	水不拘煎作茶服	旋覆花一錢 水梨半顆	絞汁作茶服
82	昌容四錢 熟地四錢 枸杞四錢 小茴八分	水二碗煎八分	菖蓉四錢 熟地二錢 枸杞四錢 小茴八分	水二碗煎八分	昌陽四錢 舊地四錢 甘杞四錢 小茴八分	以水煎服
83	藿梗四錢 川芎一片 升麻四錢 甘草三分	水煎出味作茶	桔梗四分 川芎一片 升麻四分 粉草三分	水煎出味作茶服	覆香四分 川芎四分 升麻四分 甘草三分	煎茶服
84	鹿胎一個 豬肉半斤或十二兩 保齡丸一粒 生薑三片	聯食	豬肉一個 豬肉半斤或十二兩 保齡丸一粒 生薑三片	联熟食便癒	鹿胎一個 或豬肉半斤 保齡丸一粒 生姜三片	燉煮

85	碧末五分 珠砂五分 中白五分 柿霜五分 共為末	陳皮金蟬為湯送下	中白五分 硃砂五分 柿霜五分 虎珀五分 共為末	另陳皮金蟬煎湯送下	琥碧五分 硃砂五分 中白五分 柿霜五分 陳皮一錢 金蟬一錢	陳皮與金蟬煎湯配
86	鹿骨膠三錢 保齡丸一粒	燒酒一碗浸一宿煬而服	鹿骨膠三錢 保齡丸一粒	浸酒一瓶而服	虎骨膠三錢 保齡丸一粒	浸酒或燉肉服
87	杜仲一錢 枸杞一錢 金菊一錢 甘草一錢 共為末	白茯苓煎湯調服	杜仲一錢 枸杞一錢 甘菊一錢 粉草一錢 共為末	另白茯煎湯調服	北仲一錢 甘杞一錢 金菊一錢 甘草一錢 茯苓一錢	以水煎服
88	連子四兩 生薑二片 小母雞一隻	水酒各半聯服	蓮子四兩 生姜三片 小母雞一隻	半酒水聯服	連子四兩 生姜三片 小母雞一隻	半酒水燉服
89	金蟬七個 燈心十一條 紋銀一個 珠碧散四分	水煎湯調珠碧散四分	金蟬七個 灯心十一節 紋銀一個	水煎湯調珠珀散四分服	金蟬七個 燈心十一條 紋銀一個 珠碧散四分	煎湯配
90	鮮蝦八尾 綠豆粉三錢 生肉二兩	搗碎為羔火	鮮蝦八尾 綠豆粉三錢 赤豬肉二兩		鮮蝦八尾 綠豆粉三錢 赤肉二兩	搗碎為羹，蒸熟食
91	意仁一錢半 扁豆一錢 茯苓五分 麥芽八分	水不拘作茶服	薏仁錢半 扁豆錢半 茯苓五分 麥芽八分	水不拘煎作茶服	意仁一錢半 扁豆一錢 茯苓五分 麥芽八分	作茶服
92	母鴨一隻 熟地五錢 當歸四錢 炙草三錢 生薑一兩半 麻油二兩	水酒各半聯服	熟地五錢 歸全四錢 炙草三錢 生薑兩半 麻油二兩 鴨母一隻	半酒水聯服	小母鴨一隻 舊地五錢 當歸四錢 蜜草三錢 生姜三錢 麻油二兩	半酒水燉服
93	南桔四粒 沈香一錢 木香八分 木瓜四錢	水一碗煎出味服	南橘四粒 沉香一錢 廣木八分 木瓜四分	水一碗煎出味服	柑桔四粒 沉香一錢 木香八分 木派四分	以水煎服

94	海藻一錢 昆布一錢 白芷二錢 天花二錢	水煎湯洗或飲亦宜	海藻一錢 昆布一錢 白芷一錢 天花一錢	水煎湯洗或飲亦宜	海藻一錢 昆布一錢 白芷二錢 天花二錢	煎湯洗或服
95	陳皮八分 赤芍一錢 仙查五分 木香一片	水八分煎四分	陳皮八分 赤芍一錢 仙查五分 木香一片	水八分煎四分	陳皮八分 赤芍一錢 山查五分 木香三分	以水煎服
96	赤芍一錢 棗仁八分 仙查二錢 使君子一錢半	水一碗煎五分	赤芍一錢 棗肉八分 仙查一錢 使君錢半	水一碗煎五分	赤芍一錢 棗仁八分 山查二錢 使君子一錢半	以水煎服
97	綠衣草斛一錢 鳳尾草一把 冰糖四錢	水不拘作茶服	綠豆壳一錢 川草荄一錢 鳳尾草一把 冰糖四錢	水碗三煎作茶服	綠豆殼一錢 萆薢一錢 鳳尾草一錢 冰糖一錢	作茶服
98	虎骨一錢 川芎八分 赤芍一錢 木賊八分	水一碗煎五分	正虎骨一錢 川芎八分 赤芍一錢 木賊八分	水一碗煎五分	虎骨一錢 川芎八分 赤芍一錢 木賊八分	以水煎服
99	海蔘四兩 生肉四兩 韭菜白一撮	為羔火而服	海參四兩 生肉四兩 韭菜白一把	炒熟食之	海蔘四兩 赤肉四兩 韭菜白一拿	炒食
100	雞肝七個 谷精一錢 木賊八分 甘菊五分	水三分酒一分聯服	白雞肝七個 谷精一錢 木賊八分 甘菊五分	水三分酒二分聯熟食	雞肝七個 谷精一錢 木賊八分 金菊五分	半酒水燉服
101	割根一錢 天花八分 意仁五分 赤苓心一錢	水不拘作茶	刈根一錢 天花八分 赤苓心一錢薏仁五分	水不拘煎作茶服	葛根一錢 天花八分 赤苓一錢 意仁五分	作茶服
102	九層塔一把 赤榕皮一錢 生肉四兩	水酒各半聯服	九層塔一把 古松皮一錢 生豬肉四兩	半酒水聯服	九層塔一把三錢 赤苓一錢 赤肉四兩	半酒水燉服

103	角沈一塊 烏藥一條	磨童尿服	角沉一塊 烏藥一條	磨童便服	沉香五分 台烏一錢	煎沖童便服
104	糯米三升 白茯苓心一兩 蓮肉四錢 紅棗七粒	金線連葉煎湯為丸	糯米一斤 白苓心一兩 連肉四錢 大棗七粒	金蓮葉煎湯為丸名曰蓮子丸	糯米三升一錢 茯苓一兩 連子四錢 黑棗七粒	連葉煎湯為丸
105	柴胡一錢 黃岑一錢半 半夏二錢 甘草七分 薑棗各二	水不拘煎服	柴胡一錢 酒軍二錢 半夏二錢 甘草七分 姜棗各二	水一碗煎五分	柴胡一錢 黃岑一錢半 半下一錢 甘草七分 黑棗一錢半 生姜三片	以水煎服
106	連召八分 刺蝟一錢 山甲五分 疾黎八分	水一碗煎五分	蓮召八分 荊猬一錢 山甲五分 蒺藜八分	水一碗煎五分	連召八分 刺蝟一錢 山甲一錢半 蒺藜八分	以水煎服
107	福肉四兩 白朮三錢 炙草一錢 胡桃仁四粒	水四碗煎一碗	福員肉四兩 白朮三錢 胡桃仁四粒 炙草一錢	水四碗煎一碗八分服	福肉四兩 白朮三錢 佛桃肉四粒 蜜草一錢	以水煎服
108	萊菔五分 燈心十一條 冰糖四錢	為茶服	萊復子五錢 灯心一把 冰糖四錢	水煎湯作茶服	萊菔子五錢 燈心一把 冰糖四錢	作茶服
109	紫蘇四分 赤殼西米一把 生薑一三片	為茶服	紫蘇四分 赤殼粟一把 生姜一片	煎作茶服	只蘇四分 栗殼一錢 生姜一片	作茶服
110	六一散一錢 升麻一錢 割根一錢	為湯調服	六一散一錢 升麻二錢 割根二錢	二味煎湯調服	六一散一錢 葛根一錢 升麻一錢	煎湯調服
111	宋陳五分 生薑一片 扁柏一錢	泡滾水服	宋陳五分 生姜一片 蘇薄二分	泡滾水服	蘇薄二分 宋陳五分 生姜一片 黃柏二分	泡滾水服
112	沈香末一錢 大棗一粒	為湯調服	沉香末一錢 大棗一粒	水煎服	沉香一錢 黑棗一粒	以水煎服

113	金匱丸三錢	滾水淡鹽為湯送下	金匱丸三錢	滾水泡淡鹽為湯送下	金匱丸三錢	滾水鹽湯送下
114	杏仁一錢 前胡五分 蘇子五分 川朴三分 枳殼三分	水不拘煎服	前胡五分 蘇子五分 川朴三分 枳壳三分 杏仁一錢	水不拘煎服	前胡五分 只蘇子五分 厚朴三分 只殼三分 杏仁一錢	以水煎服
115	六一散一錢 青代五分 碧未五分 硃砂五分 燈心十一條	煎茶調服	六一散一錢 虎珀三分 硃砂三分 青黛三分 共末另灯心十二節	煎茶調末服	六一散一錢 青岱（礦物名）三分 琥珀三分 硃砂三分 燈心十一條	作茶服
116	黑藕一錢 黑艾五分 地骨皮一錢半 地榆八分 枇杷葉六分	水一碗煎五分	黑午一錢 黑支五分 地骨錢半 地榆八分 枇杷葉六分	水一碗煎五分	黑支子五分 黑午禮一錢 黑艾葉五分 地骨一錢半 地榆一錢半 枇杷葉六分	以水煎服
117	雄黃、全蠍、卜荷、川芎、乳香、沒藥、牙皂（各平重）	為末吹入鼻孔內	雄黃、全蝎、薄荷、川芎、乳香、沒藥、牙皂（各平重）	吹入鼻內	雄黃二分 全蠍一分 卜荷一錢 川芎一錢 乳香五分 沒藥五分	以水煎服
118	別甲三錢 燒灰存柱	研末沖燒酒服	鱉魚甲三錢 燒灰存性研末	沖氣酒服	別甲三錢	以末沖酒服
119	中白三分 地龍三分 血碧三分 工金二分 川貝二分半 川連六厘 青代六厘 硃砂六厘 甘草六厘	共為末調童尿服	中白三分 地龍三分 古連六厘 川貝二分 硃砂六厘 虎珀三分 乙厘三分 青代六厘	共末泡童尿服	中白三分（粉） 地龍三分 血結（礦物名）三分 乙金三分 貝母五分 黃連一分 硃砂一分（粉） 甘草二分（粉）	共末合童便服

| 120 | 茯神一錢
白朮一錢
棗仁六分
洋蔘六分
遠志三分
歸中三分
福肉三粒 | 水碗二
煎六分 | 茯神一錢
白朮一錢
洋參六分
棗仁六分
遠志三分
歸中三分
福肉三粒 | 水碗二
煎六分 | 茯神一錢
白朮一錢
棗仁六分
洋蔘六分
遠志（藥草名）
三分
當歸三分
福內（藥草名）
三粒 | 以水煎
服 |

資料來源：

1. 碧雲寺管理委員會。

2. 琉球鄉民陳富濱。

3. 陳鈺淑：《屏東縣琉球鄉碧雲寺的籤詩信仰文化研究》，屏東縣：屏東教育大學中國語文學系碩士論文，2011 年。

4. 筆者田野調查整理。

附錄六：屏東縣琉球鄉碧雲寺小兒科藥籤琉球鄉碧雲寺藥籤簿——小兒科一覽表

籤序	碧雲寺版		陳富濱版		陳鈺淑碩論版	
	藥籤內容	用法	藥籤內容	用法	藥籤內容	用法
第1首 （甲子）	大黃、檳榔、黑丑仁、白丑仁、洋蔘各等分	共為末蜜水調服有力者用人蔘	生大黃、黑丑、白丑、洋參、檳榔 各等分	共末弱者用人參各五分	大黃五分 黑丑五分 白丑五分 檳榔五分 洋蔘五分	共末每次少許蜜水調服，有力者用人蔘。
第2首 （乙丑）	陳皮一錢 桔梗一錢 木香三分 炮羌五分 砂仁五分 炙草五分 木香五分	共為末每服五分紅棗為湯送下	砂仁五分 炙草五分 木香三分 陳皮一錢 桔梗一錢 干姜五分	共末紅米飯湯送下	陳皮一錢 桔梗一錢 干姜五分 砂仁五分 蜜草五分 木香五分 紅棗一粒	共末每服五分，紅棗煎配。

第3首 （丙寅）	當歸五分 沈香五分 木香五分 肉桂五分 川芎五分 丁香二分	共為末 姜湯葯 粉一錢 服之	當歸五分 沉香五分 木香五分 油桂五分 川芎五分 丁香三分	共為末 姜湯泡 服	當歸五分 沉香五分 木香五分 肉桂五分 川芎五分 丁香二分	共研末 姜湯調 服，每 次一錢 。
第4首 （丁卯）	白豆蔻、砂仁、 青皮、陳皮、炙 草、香附、莪尤 各等分 共為末 紫蘇一錢	煎水調 服	白叩五分 砂仁五分 青皮五分 陳皮五分 炙草五分 香附五分 莪尤五分 紫蘇一錢	水一碗 煎五分	白豆蔻五分 砂仁五分 青皮五分 陳皮五分 蜜草五分 香附五分 莪尤五分 只蘇一錢	各等分 共末， 只蘇煎 湯配。
第5首 （戊辰）	川連二錢半 水粉一錢 煆龍骨一錢	共為末 敷患處 用之	正古連二錢半 水粉一錢 水蝦龍骨一錢	共為末	川連一錢半 水粉一錢 蝦龍骨（礦石） 一錢	共研末 敷患處 。
第6首 （己巳）	白茯、洋蔘、草 果、炙草、木 香、陳皮、厚 朴、蘇子各等 分	水量多 少煎服	白茯五分 洋參五分 神壳五分 木香五分 炙草五分 陳皮五分 厚朴五分 蘇子五分	水不拘 煎服之	茯苓一錢 洋蔘一錢 草菓一錢 蜜草一錢 木香一錢 陳皮一錢 厚朴一錢 蘇子一錢	煎服。
第7首 （庚午）	蜜柴胡五分 枝子五分 茯神五分 薄荷三分 甘草四分 麥冬六分 川連四分 膽草七分 釣陳八分 淡竹三分 燈心十條	水不拘 煎服之	蜜柴四分 薄荷二分 甘草四分 麥文九分 枝子六分 川連四分 胆草七分 茯神五分 釣陳八分 灯心十條 淡竹三片	水一碗 煎五分	蜜柴胡五分 支子五分 茯神五分 卜荷二分 甘草四分 麥文六分 川連四分 膽草七分 鈎陳八分 淡竹三分	以水煎 服。

第8首 （辛未）	洋蔘五分 陳皮五分 炙草五分 白芍五分 淮山五分 白朮一錢 桂枝二分 白茯七分 扁豆八分 姜三片 棗二粒	水六分 煎三分	桂枝三分 洋參五分 白茯五分 白芍六分 白朮一錢 陳皮五分 淮山六分 扁豆八分 棗一粒 炙草五分 泡姜二分	水五分 煎三分	蜜柴胡五分 支子五分 茯神五分 卜荷二分 甘草四分 麥文六分 川連四分 膽草七分 鈎陳八分 淡竹三分	以水煎 服。
第9首 （壬申）	洋蔘五分 白朮五分 茯苓五分 炙草五分 半夏五分 蜜柴一錢 釣陳一錢 白芍一錢 陳皮四分	水六分 煎三分	洋參五分 白朮五分 白茯五分 炙草五分 半下五分 蜜柴一錢 白芍一錢 釣陳四分 陳皮四分	水一碗 煎五分	洋蔘五分 白朮五分 茯苓五分 蜜草五分 半下五分 蜜柴胡一錢 白芍一錢 鈎藤一錢 陳皮四分	以水煎 服。
第10首 （癸酉）	蘆薈四分 川連四分 青皮七分 莪朮五分 胡連一錢 檳榔一錢 陳皮一錢 神殼一錢 甘草五分	水八分 煎四分	武夷四分 蘆薈四分 川連四分 三靈莪朮五分 胡連五分 枬榔五分 甘草五分 青皮七分 陳皮一錢 麥芽一錢 泉神一錢	水一碗 煎四分	蘆薈四分 川連四分 青皮七分 莪朮五分 胡連五分 檳榔五分 甘草五分 陳皮一錢 神殼一錢	以水煎 服。
第11首 （甲戌）	茯苓五分 白朮五分 扁豆五分 薏仁五分 淮山五分 蓮子五分	水六分 煎三分	茯苓五分 白朮五分 扁豆五分 苡仁五分 淮山五分 連子五分	水一碗 煎五分	茯苓五分 白朮五分 扁豆五分 意仁五分 淮山五分 連子五分	以水煎 服。

	洋蔘二分 砂仁二分 桔梗二分 陳皮三分 炙草二分		洋參三分 砂仁二分 桔梗三分 陳皮三分 炙草二分		洋蔘二分 砂仁二分 桔梗二分 蜜草二分	
第12首 （乙亥）	雙白一錢 生地一錢 防風一錢 前胡七分 當歸七分 連召七分 赤茯七分 桔梗五分 黃岑五分 甘草五分 天冬二錢 紫蘇六分	水一碗 煎五分	雙白七分 生地七分 防風七分 前胡七分 當歸七分 連召七分 赤苓七分 桔梗五分 黃岑五分 甘草五分 天文二錢 蘇葉六分	水一碗 煎五分	雙白一錢 生地一錢 防風一錢 前胡七分 當歸七分 連召七分 赤苓七分 桔梗五分 黃岑五分 甘草五分 天文二錢 只蘇六分 只蘇六分	以水煎服。
第13首 （丙子）	別甲六分 甘草六分 赤芍六分 知母四分 銀柴四分 胡連八分 青蒿七分 地骨七分 生地九分 燈心三條	水八分 煎四分	別甲六分 甘草六分 赤芍六分 知母四分 銀柴四分 青荷七分 地骨七分 胡連八分 生地八分 燈心十二條	水一碗 煎四分	別甲六分 甘草六分 赤芍六分 知母四分 柴胡四分 青蒿七分 地骨七分 胡連八分 生地九分 燈心三條	共末水服。
第14首 （丁丑）	洋蔘一錢 炙芪一錢 熟地一錢 別甲二分 生地二錢半 當歸一錢半 白芍八分 地骨五分	水一碗 煎五分 有力者 用人蔘	洋參一錢 炙芪一錢 舊元一錢 別甲二分 生元二錢 當歸八分 白芍八分 地骨五分	水一碗 煎五分	洋蔘一錢 奚芪一錢 舊地一錢 別甲二分 生地一錢半 當歸二錢半 白芍八分 地骨五分	有力者 加用人 蔘。

第15首 （戊寅）	青代一錢 麝香少許 熊膽五分	共為末 豬火島 調貼溫 者乾	青代二錢 射香小許 熊胆五分	共為末 調豬髓 貼臍上	青黛一錢 射香一錢（寶 島） 熊膽五分	以水煎 服。
第16首 （己卯）	使君子十粒 炒苦揀子五個 泡桔梗一錢 白蕪荑一錢 甘草一錢	共為末 調水每 服一錢	使君（用酒炒） 一錢 川練子（去油） 一錢 武夷一錢 甘草五分	共為末 每服一 錢	使君子一錢 金楝子一錢 桔梗一錢 蕪荑一錢 甘草一錢	共末水 服。
第17首 （庚辰）	柴胡三分 川連四分 半夏二分 桔梗四分 甘草五分 黃岑三分 夏枯草一錢 膽草一錢 浙貝一錢五分 燈心十條	水八分 煎四分	柴胡二分 川連四分 半夏四分 桔梗四分 甘草五分 黃岑三分 夏枯錢二 胆草一錢 折貝錢半 灯心十條	水八分 煎四分	柴胡五分 黃岑五分 半下五分 黃連五分 桔梗五分 夏枯草五分 膽草五分 浙貝五分 燈心十條	以水煎 服。
第18首 （辛巳）	陳皮二錢 白姜四分 炙草二分	共為末 用棗湯 煎每服 葯粉一 錢	陳皮二錢 白姜四分 炙草二分 紅棗五分	共為末 飯湯送 下	陳皮二錢 干姜四分 蜜草五分 黑棗一粒	共末配 棗湯服 。
第19首 （壬午）	洋蔘一錢五分 炙草五分 白朮二錢 茯苓二錢 釣陳二錢 硃砂八分	共為末 燈心十 條煎湯 每服藥 粉一錢	洋蔘錢半 炙草五分 白朮三錢 茯苓三錢 鈎陳八分 硃砂八分 灯心	共為末 開水送 下	洋蔘一錢 蜜草五分 硃砂二分 白朮二錢 茯苓三錢 鈎藤二錢 燈心（煎配）	共末燈 心湯服 。
第20首 （癸未）	旋覆花五分 前胡五分 細辛五分 京芥七分 半夏二分半 赤茯苓三分 炙草二分	水五分 煎三分	茯花五分 前胡五分 細辛五分 半夏二分 荊芥八分 炙草二分 赤芩三分	水六分 煎三分	覆花五分 細辛三分 京芥一錢 前胡五分 蜜草五分 赤芩五分 半下五分	以水煎 服。

第21首 （甲申）	羌活七分 防風七分 蒼朮七分 白芷五分 川芎五分 黃岑五分 生地五分 甘草五分 細辛二分 羌三片 蔥一支	水八分 煎四分	防風七分 姜活七分 蒼朮七分 白芷五分 川芎五分 黃岑五分 甘草五分 細辛二分 生姜一片 生地五分 風蔥一支	水一碗 煎五分	羌活七分 防風七分 蒼朮七分 白芷五分 川芎五分 黃岑五分 細辛二分 生地五分 甘草四分 生姜一片 蔥一隻	以水煎 服。
第22首 （乙酉）	藿香六分 紫蘇六分 大復皮六分 茯苓六分 白芷六分 陳皮四分 厚朴四分 半夏四分 桔梗四分 甘草二分	水六分 煎三分	茯香六分 大茯皮六分 紫蘇六分 茯苓六分 白芷六分 陳皮四分 厚朴四分 半夏四分 桔梗四分 甘草二分	水六分 煎四分	覆香六分 陳皮四分 大復皮六分 只蘇六分 茯苓六分 白芷六分 厚朴四分 半下四分 桔梗四分 甘草二分	以水煎 服。
第23首 （丙戌）	洋蔘一錢 乾姜一錢 炙草一錢 白朮二錢	水六分 煎四分 有力者 用人蔘	洋參一錢 干姜一錢 炙草一錢 白朮二錢	水六分 煎三分 有力者 用人參	洋蔘一錢 干羌一錢 蜜草一錢 白朮二錢	有力者 用人蔘 。
第24首 （丁亥）	葛根六分 川芎六分 生姜二分 紫蘇五分 陳皮五分 赤芍四分 白芷八分 香附八分 升麻一錢 甘草二分	水八分 煎四分	刈根六分 川芎六分 生姜二分 紫葉五分 陳皮五分 白芷八分 香付八分 赤芍二分 升麻一錢 甘草二分	水八分 煎四分	葛根六分 川芎六分 生姜二分 指蘇五分 陳皮五分 白芷八分 香附八分 赤芍四分 升麻一錢 甘草二分	以水煎 服。
第25首 （戊子）	丹皮八分 白芍五分 犀角五分 生地三錢	水六分 煎三分	丹皮八分 白芍五分 犀角五分 生地二錢	水一碗 煎五分	丹皮八分 白芍五分 犀角三分 生地三錢	以水煎 服。

第26首（己丑）	薄荷四分 桔梗四分 甘草四分 生地二錢半 茅根二錢半 麥冬一錢半 川貝一錢 炙芪八分 黑蒲黃八分阿膠一錢二分 蛤粉炒	水碗四煎七分	卜荷四分 桔梗四分 甘草四分 刈根錢半 生地錢半 麥文錢半 川貝一錢 炙芪八分 阿膠錢二 黑蒲黃六分	水碗四煎七分	卜荷四分 桔梗四分 甘草四分 生地二錢半 麥芽二錢半 麥冬一錢半 貝母一錢 奚芪八分 阿膠一錢二 黑蒲黃八分	以水煎服。
第27首（庚寅）	洋蔘三分 桔梗三分 茯苓三分 黃岑三分 甘草三分 當歸三分 滑石三分 白芍三分 生芪八分 白朮八分 知母二分 柴胡六分 柴苑一錢二分 地骨四分 姜一片	水一碗煎五分	洋參五分 桔梗五分 茯苓五分 黃岑五分 甘草五分 當歸五分 活石五分 白芍五分 生芪一錢 白朮八分 知母二分 柴胡五分 紫蘇錢二 地骨四分 双白三分 生姜一片	水一碗煎五分	洋蔘三分 桔梗三分 只宛一錢 茯苓三分 黃岑三分 地骨四分 甘草三分 當歸三分 生姜一片 滑石三分 白芍三分 生芪八分 白朮八分 知母二分 柴胡六分	以水煎服。
第28首（辛卯）	燈心十條 薄荷五分 牛房五分 地骨八分 連召八分 防風八分 木通八分 葛根六分 知母六分 桔梗六分 黃岑一錢 元蔘一錢 生姜一片	水一碗煎五分	地骨八分 連召八分 防風八分 木通八分 卜荷五分 牛房五分 割根六分 知母六分 桔梗六分 黃岑一分 元參六分 生姜一片 灯心十條	水一碗煎五分	燈心十條 地骨八分 連召八分 防風八分 木通八分 卜荷五分 牛蒡六分 葛根六分 知母六分 桔梗六分 黃岑一錢 元蔘一錢 生姜一片	以水煎服。

第29首（壬辰）	升麻八分 京芥八分 防風八分 牛房八分 葛根六分 前胡六分 木通六分 連召六分 桔梗四分 枳殼四分 薄荷四分 甘草四分 淡竹三片	水一碗 煎五分	升麻八分 荊芥八分 防風八分 牛房八分 刈根六分 木通六分 連召六分 枳壳四分 蘇卜四分 甘草四分 淡竹二片 前胡六分 桔梗四分	水一碗 煎五分	升麻八分 京芥八分 防風八分 牛蒡八分 葛根六分 前胡六分 木通六分 連召六分 桔梗四分 只殼四分 卜荷四分 甘草四分 淡竹三片	以水煎服。
第30首（癸巳）	荊芥三分 防風三分 升麻三分 牛房七分 仙查七分 連召八分 甘草三分 赤芍二分 生姜一片	水八分 煎四分	京芥一分 防丰一分 升麻一分 大力仙查八分 赤芍五分 甘草二分 生羌一片 連召八分	水八分 煎四分	京芥三分 防風三分 升麻三分 牛蒡七分 仙查七分 連召八分 甘草三分 赤芍二分 生姜一片	以水煎服。
第31首（甲午）	京芥一錢 防風一錢 元蔘一錢 牛房八分 甘草四分	水六分 煎三分	荊芥一錢 防風一錢 升麻一錢 大力八分 元參一錢 甘草四分	水六分 煎三分	京芥一錢 防風一錢 元蔘一錢 升麻八分 牛蒡八分 甘草四分	以水煎服。
第32首（乙未）	京芥七分 防風七分 連召七分 薄荷四分 甘草五分 黃岑一錢 支子一錢 大黃五分 芒硝五分	水六分 煎三分	荊芥七分 防風七分 連召七分 蘇卜四分 甘草六分 黃岑一錢 支子一錢 大黃五分 卜消五分 薄荷四分	水一碗 煎五分	京芥七分 防風七分 連召七分 卜荷四分 甘草六分 黃岑一錢 支子一錢 大黃五分 朴硝五分	以水煎服。

第33首 （丙申）	升麻五分 葛根五分 甘草五分 防風一錢 京芥一錢 赤芍四分 牛房七分 犀角六分	水八分 煎四分	升麻五分 割根五分 甘草五分 荊芥一錢 防風一錢 赤芍四分 大力七分 犀角六分	水一碗 煎四分	升麻五分 葛根五分 甘草五分 防風一錢 京芥一錢 赤芍四分 牛蒡七分 犀角三分	以水煎 服。
第34首 （丁酉）	獨活五分 桔梗五分 枳殻五分 洋蔘四分 川芎六分 姜活八分 前胡七分 柴胡九分 甘草三分 赤芩一錢 生姜一片	水八分 煎四分	獨活五分 桔梗五分 枳壳五分 洋參四分 川芎六分 姜活八分 前胡七分 柴胡九分 甘草二分 赤芩一錢 姜一片		獨活五分 桔梗五分 只殼五分 洋蔘四分 川芎六分 羌活八分 前胡七分 柴胡九分 甘草二分 赤芩一錢 生姜一片	以水煎 服。
第35首 （戊戌）	當歸一錢 洋蔘一錢 地骨一錢 黃岑一錢 白芍三分 川芎八分 生地九分 淡竹五片 知母一錢五分 麥芽一錢 生姜二分 棗二粒	水碗二 煎六分	當歸一錢 洋參一錢 地骨一錢 黃岑一錢 白芍三分 川芎八分 柴胡七分 生元九分 淡竹二片 知母錢半 麥文錢二 生姜二片 紅棗一粒	水一碗 煎五分	當歸一錢 洋蔘一錢 地骨一錢 黃岑一錢 白芍三分 川芎八分 生地九分 淡竹一錢 知母一錢半 麥文一錢 生姜二分 黑棗二粒	以水煎 服。
第36首 （己亥）	京芥一錢 防風一錢 獨活七分 柴胡七分 前胡六分 川芎六分	水一碗 煎五分	荊芥一錢 防風一錢 獨活七分 柴胡七分 前胡六分 川芎六分	水一碗 煎五分	京芥一錢 防風一錢 獨活七分 柴胡七分 前胡六分 川芎六分	以水煎 服。

	枳殼二分 生姜二分 甘草四分 桔梗五分 姜活八分 茯苓八分		桔梗五分 枳壳二分 姜活八分 茯苓八分 甘草四分 生姜三片		甘草四分 桔梗五分 只殼二分 生姜一片 姜活八分 茯苓八分	
第37首 （庚子）	煆石羔五分 甘草五分 知母六分 川芎三分 桂枝四分 粳米五錢 生姜一片 棗二粒	水九分 煎四分	石羔五分 甘草五分 知母六分 升芍五分 川芎三分 桂枝四分 粳米五分 生姜一片 棗二粒	水九分 煎四分	石羔五分 甘草五分 知母六分 川芎三分 桂支四分 糯米五錢 生姜一片 黑棗二粒	以水煎 服。
第38首 （辛丑）	川連三分 陳皮三分 馬勃三分 甘草三分 薄荷三分 板藍根三分 姜虫三分 牛房八分 元蔘八分 柴胡八分 升麻一錢二分 桔梗四分 燈心二條 黃岑一錢 連召一錢	水碗二 煎六分	古連三分 陳皮三分 甘草三分 馬勃三分 蘇卜五分 姜蚕五分 元參八分 柴胡八分 升麻錢二 桔梗四分 黃琴一錢 板籃根五分 連召一錢 燈心三錢	水碗二 煎六分	川連三分 陳皮三分 馬勃三分 甘草三分 卜荷五分 茅根五分 姜蠶五分 牛蒡八分 元蔘八分 柴胡八分 升麻一錢 桔梗四分 黃岑一錢 連召一錢 燈心二條	以水煎 服。
第39首 （壬寅）	川連五分 豆叩五分 麻黃五分 黃岑八分 支子一錢五分 黃柏四分 石膏七分 蔥一支	水六分 煎三分	川連五分 白叩五分 麻黃五分 黃岑八分 枝子錢半 黃粕四分 石羔五分 風葱一支	水六分 煎三分	黃連五分 白豆蔻五分 麻黃五分 黃岑八分 支子一錢半 黃柏四分 石羔七分 蔥一支	以水煎 服。

第 40 首 （癸卯）	煅石膏五分 甘草五分 川連五分 大黃五分	水八分 煎四分	石羔八分 甘草八分 古連五分 大黃五分 犀角六分 青代六分 元蔘一錢 柴胡八分 知母二分 支子三分 生元八分 紅棗一粒 人參一分 羌一片	水八分 煎四分	石羔五分 甘草五分 黃連五分 大黃五分 犀角三分 青黛三分 元蔘八分 柴胡八分 知母七分 支子二分 生地九分 洋蔘一分 生姜一片	以水煎 服。
第 41 首 （甲辰）	連召八分 京芥八分 川蓮五分 大青葉五分 薄荷三分 犀角三分 牛房四分 黃岑一錢 爐根二錢 燈心十條	水八分 煎四分	連召八分 荊芥八分 防風五分 川蓮五分 大青葉五分 蘇卜三分 犀角三分 牛房四分 黃岑一錢 蘆根二錢 灯心十條	水一碗 煎四分	連召八分 京芥八分 黃連五分 水連葉五分 卜荷三分 犀角三分 牛蒡四分 黃岑一錢 茅根一錢 燈心十條	以水煎 服。
第 42 首 （乙巳）	柴胡一錢 生地一錢 赤芍三分 黃岑一錢 麥冬一錢 甘草二分 地骨一錢二分 知母八分 生姜一分 燈心十條	水八分 煎四分	柴胡七分 生元七分 黃岑五分 麥文五分 赤芍三分 甘草二分 地骨八分 知母四分 生姜一片 灯心十條	水八分 煎四分	柴胡一錢 生地一錢 黃岑一錢 麥文一錢 赤芍三分 甘草二分 地骨一錢半 知母八分 生姜一片 燈心十條	以水煎 服。
第 43 首 （丙午）	煅石膏五分 甘草五分 生知母六分	水八分 煎四分	石羔五分 甘草五分 知母六分	水八分 煎四分	石羔五分 甘草五分 知母六分	以水煎 服。

	姜一片 粳米五錢 棗二粒		生姜三片 粳米五錢 棗二粒		生姜一片 糙米五錢 黑棗一粒	
第44首 （丁未）	川連五分 丹皮五分 連召五分 黃岑八分 支子七分 黃柏二分 生地六分 甘草四分 銀花一錢 燈心五條	水八分 煎四分	川連五分 丹皮五分 連召五分 黃岑九分 枝子七分 黃柏三分 生元六分 甘草四分 銀花一錢 灯心十五條	水八分 煎四分	黃連五分 舟皮五分 連召五分 黃岑八分 支子七分 黃柏二分 生地六分 甘草四分 金良花一錢 燈心十五條	以水煎服。
第45首 （戊申）	洋蔘五分 麥冬二錢 甘草六分 煆石羔八分 淡竹五片 知母一錢	水八分 煎四分	洋參五分 麥文二錢 石羔八分 知母一錢 淡竹五片 甘草六分	水八分 煎四分	洋蔘五分 麥文二錢 石羔八分 甘草六分 淡竹一錢	以水煎服。
第46首 （己酉）	黃岑一錢 元蔘一錢 黃連四分 地骨八分 連須八分 防風八分 木通八分 葛根六分 知母六分 桔梗六分 薄荷五分 牛房五分 甘草三分 姜一片 棗一粒	水一碗 煎五分	黃芩一錢 元參一錢 地骨八分 連召八分 防風八分 木通八分 割根六分 知母六分 蘇卜五分 牛房五分 黃連四分 甘草三分 生姜一片 棗二粒	水一碗 煎五分	黃岑一錢 元蔘一錢 地骨一錢 連召八分 防風八分 木通八分 葛根六分 知母六分 桔梗六分 卜荷五分 牛蒡五分 黃連四分 甘草三分 生姜一片 大棗一粒	以水煎服。
第47首 （庚戌）	麻黃三分 煆石膏四分 杏仁五分 甘草六分	水四分 煎二分	麻黃八分 杏仁五分 石羔四分 甘草六分	水六分 煎三分	麻黃三分 石羔四分 杏仁五分 甘草六分	以水煎服。

第48首 （辛亥）	蘆根一錢五分 元蓡一錢二分 雙白九分 黃岑九分 杏仁七分 連召六分 瓜樓五分 甘草五分 前胡四分 桔梗三分 川連三分 麥冬八分	水一碗 煎五分	蘆根一錢 元參一錢 双白九分 黃岑九分 麥文八分 杏仁七分 連召六分 瓜蔞八分 甘草五分 前胡四分 桔梗三分 黃連三分	水一碗 煎五分	蘆根一錢半 元蓡一錢二 雙白九分 黃岑九分 麥文八分 杏仁七分 連召六分 瓜蔞仁五分 甘草五分 前胡四分 桔梗三分 黃連三分	以水煎 服。
第49首 （壬子）	雙白一錢二分 杏仁一錢 瓜樓一錢 浙貝七分 川連二分 甘草三分 桔梗五分 桔紅五分 前胡五分 棗一粒	水八分 煎四分	双白錢二 杏仁八分 瓜蔞八分 折貝七分 黃連三分 桔梗五分 前胡五分 桔紅五分 甘草三分 棗一粒	水八分 煎四分	雙白一錢二 瓜蔞仁一錢 貝母七分 黃連二分 桔梗五分 結紅五分 前胡五分 甘草三分 棗一粒	以水煎 服。
第50首 （癸丑）	荊芥八分 防風七分 升麻八分 牛房五分 元蓡五分 甘草三分	水六分 煎三分	荊芥八分 防風五分 升麻六分 牛房五分 元參五分 甘草三分	水八分 煎四分	京芥八分 防風七分 升麻八分 牛蒡五分 元蓡五分 甘草三分	以水煎 服。
第51首 （甲寅）	京芥八分 支子八分 黃岑七分 連召六分 甘草六分 大黃六分 防風五分 牛房五分 芒硝三分 薄荷二分 燈心十條	水八分 煎四分	荊芥八分 防風五分 牛房五分 支子八分 黃岑七分 蓮召六分 甘草六分 大黃六分 卜消三分 蘇卜二分 灯心十條	水一碗 煎五分	京芥五分 支子八分 黃岑七分 連召六分 甘草六分 大黃六分 防風五分 牛蒡五分 朴硝三分 卜荷二分 燈心十條	以水煎 服。

第52首（乙卯）	黑支子一錢 牛房六分 元蔘三分 桔梗七分 麥冬七分 連召五分 黃岑五分 薄荷四分 甘草四分	水六分 煎三分	黑枝一錢 桔梗七分 麥文七分 牛房六分 蓮召五分 黃岑五分 蘇卜四分 甘草四分 元蔘三分	水八分 煎四分	支子一錢 桔梗七分 麥文七分 牛蒡六分 連召五分 黃岑五分 卜荷四分 甘草四分 元蔘三分	以水煎服。
第53首（丙辰）	半夏四分 竹茹四分 甘草四分 石膏四分 赤苓二錢 陳皮五分 姜二片	水六分 煎三分	半夏四分 竹茹四分 石羔四分 甘草四分 赤苓二錢 陳皮五分 生姜二片	水六分 煎二分	半下四分 竹茹四分 石羔四分 甘草四分 赤苓二錢 陳皮五分 生姜一片	以水煎服。
第54首（丁巳）	仙查八分 當歸六分 白芍六分 只殼五分 連召五分 檳榔五分 牛房五分 青皮四分 姜一分 甘草二分 厚朴三分 川連三分	水八分 煎四分	仙查八分 當歸六分 白芍六分 黃芩六分 枳壳五分 梹榔五分 蓮召五分 牛房五分 青皮四分 厚朴三分 黃連三分 生姜一片 甘草二分	水一碗 煎五分	仙查八分 當歸六分 白芍六分 只殼五分 檳榔五分 連召五分 牛蒡五分 青皮四分 厚朴三分 黃連三分 甘草二分 生姜一片	以水煎服。
第55首（戊午）	防風一錢 麥冬一錢 蒼朮八分 仙查八分 生麻五分 枳殼五分 葛根五分 陳皮五分	水一碗 煎五分	防風一錢 麥芽一錢 蒼朮八分 仙查五分 升麻五分 枳壳五分 刘根五分 陳皮五分	水一碗 煎五分	姜活八分 前胡四分 川芎四分 連召四分 卜荷二分 桔梗二分 只殼三分 甘草三分	以水煎服。

	厚朴四分 甘草四分 姜三片 燈心七條		厚朴四分 甘草四分 生姜三分 灯心十條		赤苓一錢 防風二分 蟬退七個	
第56首 （己未）	姜活八分 前胡四分 川芎四分 連召四分 薄荷二分 桔梗二分 枳殼三分 甘草三分 風蔥三分 赤苓一錢 蟬退七個	水八分 煎四分	姜活四分 前胡四分 川芎四分 連召四分 蘇卜三分 桔梗三分 枳壳五分 甘草五分 赤苓二錢 防風五分 金蟬五個	水一碗 煎五分	防風一錢 麥文一錢 蒼尤八分 仙查八分 升麻五分 葛根五分 陳皮五分 厚朴四分 甘草四分 生姜一片 燈心七條	以水煎服。
第57首 （庚申）	白尤八分 赤苓八分 擇瀉七分 豬苓一錢 肉桂二分	水四分 煎二分	白尤八分 赤苓八分 擇舍七分 知苓一錢 油桂一錢	水八分 煎四分	白尤八分 赤苓八分 澤瀉七分 豬苓一錢 肉桂二分	以水煎服。
第58首 （辛酉）	滑石一錢 生地一錢 豬苓八分 支子六分 甘草六分 茵陳九分 木通五分 舊麥五分 黃岑三分	水八分 煎四分	活石錢半 生元二錢 知苓八分 枝子六分 茵陳九分 木通五分 舊麥五分 甘草二分 黃岑三分	水八分 煎四分	滑石一錢 生地一錢 豬苓八分 支子六分 甘草六分 茵陳九分 木通五分 舊麥草五分 黃岑三分	以水煎服。
第59首 （壬戌）	茵陳一錢 赤苓一錢 白尤一錢 豬苓八分 擇瀉七分 肉桂三分 燈心十條	水六分 煎三分	茵陳一錢 赤苓一錢 白尤一錢 知苓八分 澤舍五分 油桂三分 灯心十條	水一碗 煎五分	茵陳一錢 赤苓一錢 白尤一錢 豬苓一錢 澤瀉七分 肉桂三分 燈心十條	以水煎服。

| 第60首
（癸亥） | 大黃六分
枝子八分
茵陳一錢二分
燈心十條 | 水六分
煎三分 | 大黃六分
枝子八分
茵陳錢二
灯心十條 | 水六分
煎三分 | 茵陳一錢二
大黃六分
支子八分
燈心十條 | 以水煎
服。 |

資料來源：1. 小琉球碧雲寺。　　2. 筆者田野調查整理。